초등

하루 10분

어휘천재

KB221105

초판 인쇄일 2024년 11월 11일
초판 발행일 2024년 11월 18일

지은이 전희연
발행처 앤제이BOOKS
등록번호 제 25100-2017-000025호
주소 (03334) 서울시 은평구 연서로21길 24 2층
전화 02) 353-3933   **팩스** 02) 353-3934
이메일 andjbooks@naver.com

ISBN 979-11-90279-22-2
정가 15,800원

사자소학으로 어휘력 · 문해력 꽉 잡는

초등

하루 10분
어휘천재

전희연 지음

앤제이
BOOKS

"선생님, 오예스에게 한자는 어떻게 가르치세요?"

저는 한자와 중국어를 가르치는 강사이기도 하지만, 2014년생 청말띠 딸인 '오예스'를 키우는 엄마이기도 합니다. 제 학생들의 부모님, 아이의 친구 엄마들, 제가 아이 키우는 것을 아시는 분들이 아이에게 한자는 어떻게 가르치고 있는지 물으세요. 그런데 저는 오예스에게 한자를 따로 가르친 적이 없어요. 대신 아기 때부터 우리말 단어 뜻을 알려줄 때 한자로 풀어서 설명을 해주었어요.

"여기는 '차도'야. '차도'는 '차가 다니는 길'이라는 뜻이야. 그러면 '인도'는 뭘까? '한국인, 중국인, 영국인' 하는 것처럼 '인'은 '사람'을 나타내는 말이고 '도'는 '길'이라는 뜻이야. 그래서 '인도'는 '사람이 다니는 길'이라는 뜻이야." 이렇게 말이죠.

한자를 모르면 신문을 읽을 수 없었던 시절

"나 때는 말이야."를 하지 않을 수가 없네요. 제가 어렸을 때는 한자를 모르면 신문을 읽을 수가 없었어요. 주요한 단어를 다 한자로 표기해두고 조사만 우리말이어서, 한자를 모르면 신문을 읽을 수 없었던 시대였죠. 아침에 등교하면 어린이 신문에서 한자 부분을 스크랩해서 한자 공책에 붙이고 몇 번씩 반복해서 쓰는 일은 많은 학교에서 볼 수 있었던 아침 풍경이었어요.

이 시기를 통해 많은 어린이들이 한자를 접했고, 한자를 알아가기 시작했지만, 글자를 반복해서 쓰고 외우도록 하는 교육 때문에 한자를 싫어하게 되는 경우도 적지 않았죠.

한자를 왜 공부해야 할까?

지금은 한자를 읽을 줄 몰라도 신문, 잡지, 책 등의 출간물을 읽는데 아무런 문제가 없어요. 하지만 한자를 알아야 우리말을 잘 이해하고 구사할 수 있어요.
어린이집 학부모에게 '우천시 XX로 장소 변경'이라고 공지를 했더니 '우천시'의 '우천'을 지역 이름으로 이해한 경우가 있다는 이야기를 보고 씁쓸한 웃음이 났던 적이 있어요.
우리말의 많은 단어가 한자로 이루어져 있고, 발음은 같지만 한자가 달라서 전혀 다른 뜻을 나타내는 단어(동음이의어)도 많기 때문에, 단어를 구성하고 있는 한자가 무엇인지를 아는 것은 매우 중요해요.

그렇다면 한자 공부를 어떻게 시켜야 할까요?

이제 어떻게 한자를 공부해야 하는지 알려드려야겠네요.
단어에 쓰인 한자의 의미는 이미 우리 머릿속에 담겨있어요. 단지 그 한자의 생김새를 모를 뿐이죠. 그렇기 때문에 아이들이 이미 알고 있는 단어를 한 글자 한 글자 한자로 나누어서 단어의 의미를 알게 해주는 것이 필요해요. 문해력을 높이기 위해 처방을 내려주신 수많은 선생님들의 책과 영상을 보면 한자를 익혀 단어의 의미를 잘 파악할 수 있도록 해주라는 부분이 꼭 있어요.
이미 아이들이 배웠던 단어, 알고 있는 단어, 알아야 할 단어를 한자로 쪼개서 사고하게 해주면, 모르는 단어를 만났을 때 문맥 속에서 의미를 유추하고, 자동적으로 알고 있는 한자로 쪼개서 생각하게 됩니다.

사자소학으로 한자를 공부하면 뭐가 좋아요?

대학 학부 전공 수업 시간에 〈공자〉, 〈맹자〉, 〈도덕경〉 등의 수업을 들었어요. 영어 단어를 안다고 영어 독해를 잘 하는 게 아닌 것과 같이 한자를 안다고 한문(한자로 지은 글)을 다 해석할 수 있는 것은 아니예요. 수업 초반에는 독해가 전혀 되지 않았지만 수업이 거듭될수록 점점 한문이 이해되더라고요. 기말고사가 끝날 즈음 '아, 나 이제 한문 독해 할 수 있겠다.' 했지만 약 3개월의 방학이 지나고 다음 학기에 전공 한문 시간이 되면 또 머리가 하얗게 되었던 경험이 있어요.

그래서 교육 인플루언서들이 〈사자소학〉, 〈논어〉, 〈명심보감〉으로 한자를 공부하면 좋다는 말씀에 100% 동의를 할 수가 없었어요. 한자로 쓴 문장인 한문을 읽는 것으로 한자를 익히는 것이 한자 학습의 좋은 방법 중 하나이지만, 쉬운 방법이 아니고, 또 혼자서 고전을 읽어낼 수 있는 아이는 내 아이가 아니지 않습니까?

그럼에도 불구하고 사자소학을 선택한 이유는 사자소학의 내용이 좋아서입니다. 사자소학의 의미를 2024년의 세계관과 생각으로 재해석해 보니 내용이 주옥같더군요. 엄마가 하면 잔소리이지만 선생님이 이야기하면 아이들이 찰떡같이 알아듣고 고개를 끄덕일 내용이 사자소학에 담겨있어요.

<하루 10분 초등 어휘천재>에서 다루는 사자소학의 특징이 뭔가요?

어린이들이 갖추어야 할 바른 인성과 건강한 마음을 위한 교훈을 사자소학의 내용에서 뽑았어요.

또, 사자소학 안에서 어린이들이 꼭 알았으면 하는 한자를 선정했어요. 그리고 선정한 한자가 들어간 단어 중 초등학교 교과서에 나오거나, 아이들이 책을 읽고 뉴스나 신문을 볼 때 필요한 단어들을 선별하여 소개했어요. 선별한 단어에서 어휘를 확장하여 알려줌으로써 단어 안에서 한자가 어떻게 사용되는지 생각해볼 수 있게 한 것이 〈하루 10분 초등 어휘천재〉에서 다룬 사자소학의 특징입니다.

학습 가이드 보기

이렇게 학습하세요!

여러분에게 미션 하나가 주어졌다고 가정해 볼게요.

미션은 바로 일주일 동안 서울에서 부산까지 가는 길가에 무엇이 있는지 차례로 말해보는 거예요. 미션 수행을 위해 주어진 방법은 두 가지가 있어요.

첫 번째는 서울에서 부산까지 걸어가면서 길가에 있는 것들을 보며 차근차근 외우는 거예요.

두 번째는 차를 타고 서울에서 부산까지 계속 왕복하면서 길에 있는 것들을 눈으로 익히는 거예요.

두 가지 방법 중 어떤 것을 택하면 길가에 있는 풍경을 더 효율적으로 기억할 수 있을까요?

정답은 자동차를 타고 계속 반복해서 왔다 갔다 하는 것이에요.

어떤 것을 기억해야 할 때는 여러 번 보는 것이 도움이 돼요. 똑같은 30분을 투자해서 암기한다고 할 때, 하루 30분 동안 보는 것 보다 하루 10분씩 3일 동안 같은 내용을 보는 것이 훨씬 효과가 있어요.

어떤 연령의 독자가 읽든 아래의 스케줄처럼 읽어보면 좋겠어요. 한 과를 5일 동안 보는 거예요.

1강 1일차

만화를 보며 사자소학의 내용을 재미있게 익혀봐요.
그리고 QR코드를 찍고 들어가서 동영상 강의를 시청하세요.
오늘의 사자소학 여덟 글자와 뜻을 소리 내서 읽어주세요.
부끄러우면 나 혼자만 들리게 읽어도 돼요.

2일차

1강 2일차 + 2강 1일차

오늘의 사자소학 여덟 글자와 뜻을 소리 내서 읽어주세요.
생각해 보기는 천천히 의미를 생각해보며 읽어주세요.
어휘 확장에 있는 대표 단어 네 개를 한자의 뜻과 음 모두 읽어보며 어떤 의미의 글자인지 생각해 보세요.

3일차

1강 3일차 + 2강 2일차 + 3강 1일차

오늘의 사자소학 여덟 글자와 뜻을 소리 내서 읽어주세요.
어휘 확장에 있는 단어 두 개와 설명을 꼼꼼하게 읽어주세요.
대표 단어 두 개의 뜻과 음을 잘 기억할 수 있게 소리 내어 읽어봅니다.

4일차

1강 4일차 + 2강 3일차 + 3강 2일차 + 4강 1일차

오늘의 사자소학 여덟 글자와 뜻을 소리 내서 읽어주세요.
어휘 확장에 있는 나머지 단어 두 개와 설명을 꼼꼼하게 읽어주세요. 대표 단어 두 개의 뜻과 음을 잘 기억할 수 있게 소리 내어 읽어봅니다.

1강 5일차 + 2강 4일차 + 3강 3일차 + 4강 2일차 + 5강 1일차

오늘의 사자소학 여덟 글자와 뜻을 소리 내서 읽어주세요.
연습문제를 풀면서 사자소학의 문구와 대표 어휘 네 개의 의미를 확실히 익혀주세요.
동음이의어의 삽화를 참고하여 설명을 읽으면서 발음은 같지만 한자가 달라 의미가 달라지는 어휘를 잘 기억해주세요.
사자소학 써보기의 글자를 따라서 써보며 눈으로 익혔던 한자를 손으로도 써보세요.

2강 5일차 + 3강 4일차 + 4강 3일차 + 5강 2일차 + 6강 1일차

6일차가 되면 1강은 이제 안녕~

3강 5일차 + 4강 4일차 + 5강 3일차 + 6강 2일차 + 7강 1일차

7일차가 되면 2강도 이제 안녕~

이렇게 누적해서 읽는 방법은 암기가 필요한 모든 학습에 효과적이에요. 처음에 해보기 전에는 조금 헷갈릴 수도 있지만, 동영상 설명을 참고하여 꼭 시도해 보세요.

우리 어린이 독자들이 〈하루 10분 초등 어휘천재〉를 통해 학습의 방법인 암기 방법도 덤으로 터득할 수 있으면 좋겠어요.

'단순한 어휘 학습을 넘어 지적 성장과 인성 발달을 돕는 소중한 책'

요즘 중고등학생들이 직면한 문제 중 하나가 어휘력 부족입니다. 국어나 사회 같은 인문 과목뿐만 아니라 수학과 과학 같은 자연 과목에서도 상당수의 용어가 한자를 기반으로 하고 있으나 제대로 된 한자 학습이 이루어지지 않아 개념을 이해하는 데 장벽을 마주하곤 합니다. 이와 함께 인성교육의 부재로 개인적인 성향이 두드러지고 사회성이 부족하여 원활한 인간관계를 맺는 데 어려움을 겪는 학생들을 종종 봅니다.

〈하루 10분 초등 어휘천재〉를 받아 보는 순간 이 두 가지 문제를 동시에 해결할 수 있는 소중한 책이라는 생각이 가장 먼저 들었습니다.

이 책은 사자소학을 바탕으로 한자 어휘를 학습하는 동시에 그 내용을 만화로 풀어내어 쉽고 재미있게 학습할 수 있도록 하여 보다 효과적으로 이미지화하여 개념을 이해할 수 있도록 설계되었습니다. 또한 사자소학 학습에 그치지 않고 일상생활에서 자주 사용하는 용어들을 확장하여 설명해 줌으로써 어휘력을 신장시키는 데 도움을 주고 있습니다. 그리고 총 네 개의 장으로 나뉘어 있는데, 주제가 모두 인간관계와 사회성을 기르기에 충분한 내용을 담고 있어 학생들이 자신 및 타인과의 관계에서 필요한 덕목을 배울 수 있도록 구성되어 있습니다. 효과적인 학습 방법을 함께 제시하여 어떻게 공부해야 할지 고민하는 학생들에게 좋은 나침반 역할을 할 수 있을 뿐만 아니라 스스로 생각해 볼 수 있는 코너가 마련되어 있어 수동적 학습이 아닌 창의적 사고와 사고력을 신장하는 데 큰 도움이 됩니다. 책을 읽는 과정을 통해 어휘력 성장을 넘어 자기 성찰 능력과 통합적 사고력을 갖추고자 하는 학생에게 추천합니다.

2022 개정 교육과정 중국어 교과 집필진, 고등학교 중국어 교사 서슬기

학부모님, 좋은 책이 있어 여기저기 소문을 내고 싶어 글을 씁니다.

일상 속 이야기로 쉽게 한자를 습득할 수 있고, 자연스럽게 한자어를 익힐 수 있는 책이 나왔어요. 이전처럼 단순한 한자 쓰기 학습이 아닌, 선별된 한자어 학습을 통해 어휘력 확장은 물론 문해력 향상과 사자소학으로 인성교육까지 할 수 있는 교재입니다. 무엇보다 초등학생이 헷갈리는 동음이의어 내용은 의미뿐 아니라 생활 속 예문까지 제시되어 언어생활에 바로 활용할 수 있겠네요. 기존의 초등 한자 교재에서 아쉬웠던 점들이 보완된 완전체의 교재가 나와 초등교사로서는 매우 고마운 일입니다.

벌써 〈하루 10분 초등 어휘천재〉 두 번째 책을 기대하게 됩니다. 책을 펴게 되면, 한자어의 세계에 빠지며 즐거운 배움을 누릴 수 있을 것입니다.

세 자녀의 엄마이면서, 21년째 초등학생을 가르치는 교사 이경남

이 책을 처음 받았을 때 '하루 10분'이라는 제목이 가장 눈에 먼저 띄었습니다. 제목부터 바쁘디바쁜 아이들과 엄마들의 마음을 툭 건드려주더군요.

또한, 단순하면서도 시각적으로 산만하지 않은 책 구성 요소들을 보면서 역시 아이들이 어떻게 해야 질려 하지 않고 꾸준히 할 수 있는지에 대한 '현재 초등 맘' 전희연 선생님의 깊은 마음을 느낄 수 있었습니다. 그뿐만 아니라 이 책이 사자소학에서 필수 교과 어휘까지 확장하는데 '만화, 이야기, 퍼즐' 등으로 아이들을 참여시키는 방식이 너무나 훌륭하다고 생각했습니다. 꾸준함의 대명사인 전희연 선생님의 이끄는 손길을 따라가며 반복하다 보면 아이들이 어느새 읽고 쓰는 글 속에서 한자가 툭툭 튀어나오며 훨씬 더 풍성해진 글을 만날 수 있을 거라는 데 의심의 여지가 없었습니다. 이렇게 실용적이고 좋은 책을 직접 여러분께 글로 써 추천할 기회가 닿아 영광입니다.

유튜브 모니카 스터디룸 운영, 월간 모니카신문 발행자 홍지영 (@Monicastudyroom)

이 책을 끝까지 다 읽고 난 다음 번뜩 떠오른 사자성어가 있었습니다.

'한 가지 일로 두 가지 이득을 얻는다'는 뜻의 일거양득(一擧兩得)입니다. 첫째로, 본서는 한자어를 매우 쉽게, 그리고 기억에 오래 남도록 학습할 수 있게 해주는 유익한 책입니다. 둘째로, 본서의 40개의 사자소학 내용은 바른 인성을 형성하는 것에도 큰 도움을 줍니다.

네 아이를 키우는 양육자로서 늘 아이들이 바른 인성을 바탕으로 모든 학업을 능률 있게 감당하는 것이 큰 고민입니다. 본서는 적어도 한자 학습에 있어서는 저의 두 가지 고민을 크게 덜어준 책입니다. 책의 저자인 전희연 선생님은 실력과 전달력과 성품 모두를 갖춘 숨은 낭중지추(囊中之錐) 같은 교육자이십니다.

본서를 저와 같은 고민을 하시는 모든 부모님들께 강력하게 추천하고 싶습니다.

최원일 (평생 학습자이자 목사, 네 아이의 아빠)

아이들의 문해력이 큰 관심을 받는 요즘 〈하루 10분 초등 어휘천재〉는 처음 한자를 접하는 아이들을 위한 지은이의 세심한 배려와 마음을 느낄 수 있는 친절한 가이드북입니다.

아직 한자가 익숙하지 않은 아이도 어렵지 않게 하루 10분씩 반복 학습을 통해 학습의 효과를 높이고 단어를 한자로 쪼개서 생각하는 방법을 알려주어 자연스럽게 사고를 확장하는 힘을 길러 줍니다.

〈하루 10분 초등 어휘천재〉로 문해력과 어휘력뿐 아니라 바른 인성과 건강한 마음의 아이로 성장할 수 있을 것입니다.

초등학교 1학년 학부모 전유미

이 책의 구성

QR코드를 이용해 선생님이 설명해 주시는 쉽고 친절한 강의를 들으며 학습해요.

만화

본격적인 학습 전에 사자소학이 실생활에서 어떻게 쓰이는지 재미있는 만화를 보며 이해할 수 있어요.

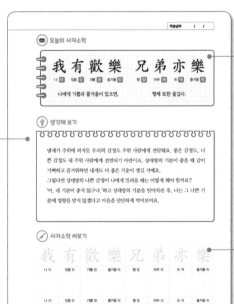

오늘의 사자소학

오늘 배울 사자소학의 뜻풀이, 그리고 각 한자의 뜻과 음을 확인해요.

생각해 보기

사자소학이 담고 있는 의미에 대해 선생님의 이야기를 듣고 함께 생각해 보아요.

사자소학 써보기

사자소학 각 한자의 뜻과 음을 생각하며 또박또박 써보며 익혀요.

어휘 확장

사자소학에 나온 한자로 이루어진 파생 단어를 배워요. 총 40개 사자소학 구절과 초등 교과서에 나오거나 책을 읽고, 뉴스나 신문을 볼 때 꼭 필요한 단어 550개를 익힐 수 있어요.

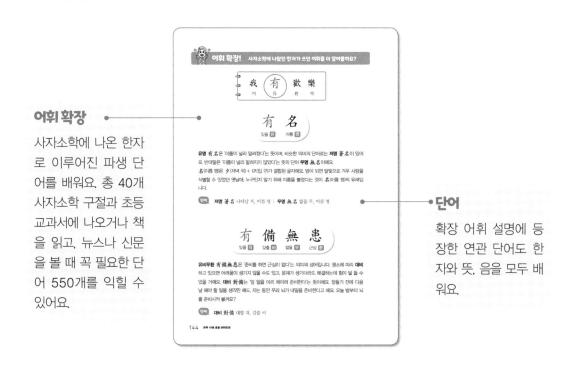

단어

확장 어휘 설명에 등장한 연관 단어도 한자와 뜻, 음을 모두 배워요.

연습문제

제시된 단어의 뜻을 읽고 보기 중 알맞은 답을 가로세로 퍼즐 빈칸에 써보세요.

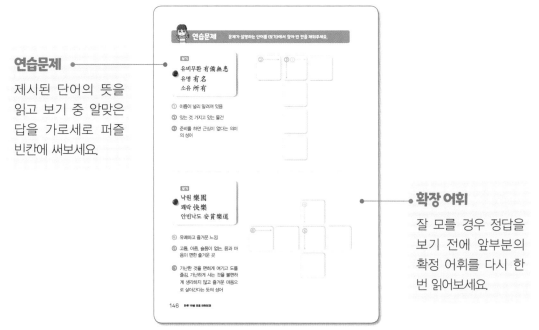

확장 어휘

잘 모를 경우 정답을 보기 전에 앞부분의 확정 어휘를 다시 한 번 읽어보세요.

동음이의어

발음은 같지만 뜻이 다른 단어들을 알아봅니다. 각 단어의 한자와 뜻이 다름을 이해하고, 삽화와 예문을 참고해 해당 단어가 어떤 경우에 쓰이는지 알아보세요.

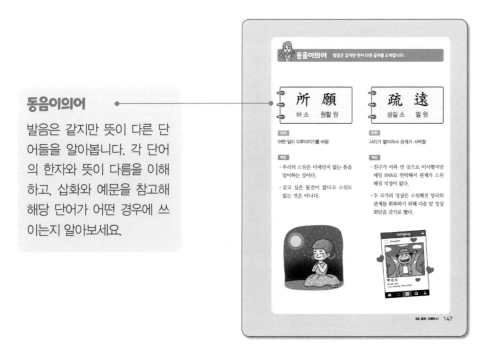

연습문제 정답

책의 끝부분에 연습문제 정답이 있어요. 어휘 확장을 잘 읽고 문제를 다 풀어본 후 정답을 확인하세요.

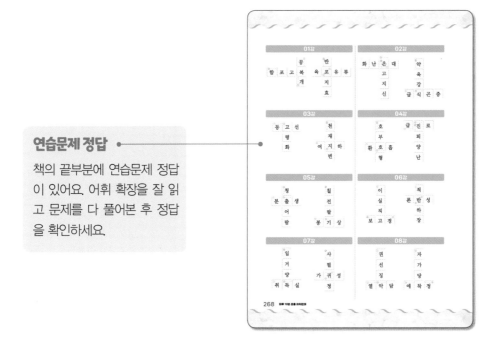

차 례

01장 부모님과 나

01장

부모님과 나

나를 이 땅에 태어나게 해주신 두 분,

나를 이 세상에서 가장 사랑하시는 두 분,

함께 하면 좋지만, 잔소리는 피하고 싶은 부모님.

사랑하는 부모님께 나는 어떤 자녀가 되어야 할지

사자소학에서 함께 살펴봐요.

01강

복이회아 유이포아
腹以懷我 乳以哺我

배로(써) 나를 품으셨고, 젖으로(써) 나를 먹이셨다.

오늘의 사자소학

腹 以 懷 我   乳 以 哺 我

배 **복**   써 **이**   품을 **회**   나 **아**   젖 **유**   써 **이**   먹일 **포**   나 **아**

배로(써) 나를 품으셨고,   젖으로(써) 나를 먹이셨다.

 생각해 보기

엄마는 40주(10개월) 동안 아이를 뱃속에 품고 있어요. 뱃속에 있는 아이가 잘 크고 있나, 어디 아프지는 않은가, 아이와 교감하며 10개월을 지내고 아이와 만납니다.

분유가 없던 옛날에는 모유가 젖먹이 아가에게 영양을 공급할 수 있는 유일한 수단이었어요. 엄마는 늦은 밤중에도, 이른 새벽에도 배고픈 여러분을 위해 모유나 분유를 먹여서 키우셨어요. 정성스럽게 모유나 분유를 먹여 주시는 부모님의 사랑을 어린 시절 사진 속에서 찾아볼까요?

 사자소학 써보기

腹	以	懷	我	乳	以	哺	我
배 복	써 이	품을 회	나 아	젖 유	써 이	먹일 포	나 아
배 복	써 이	품을 회	나 아	젖 유	써 이	먹일 포	나 아

공복 空腹은 뱃속에 음식물이 들어있지 않아서 '뱃속이 비어 있는 상태'입니다. **공복** 없이 계속 먹어서 늘 배부른 상태를 유지하는 것은 성장에 도움이 되지 않는다고 해요.

공복과 반대로 음식을 양껏 먹어서 '배가 부른 느낌, 넘치도록 가득 차 있는 느낌'은 **포만감 飽滿感**이라고 합니다.

> 단어 **포만감 飽滿感** 배부를 포, 가득찰 만, 느낄 감

개복 開腹은 '수술하기 위해 배를 갈라서 여는 것'을 말해요. 상상하니 너무 징그럽다고요? 그러면 '열다'라는 의미의 **開(개)**가 들어간 예쁜 단어를 살펴볼게요.

봄이 되면 벚꽃, 철쭉 등의 **개화** 시기를 알려주는 뉴스를 흔히 볼 수 있어요. **개화 開花**는 '꽃이 피는 것'이고, **만개 滿開**는 '꽃이 활짝 핀 것'을 말해요.

> 단어 **개화 開花** 열 개, 꽃 화 ǀ **만개 滿開** 가득찰 만, 열 개

乳 以 哺 我
유 　 이 　 포 　 아

哺 乳 類
먹일 포 　 젖 유 　 무리 류

포유류 哺乳類는 '젖을 먹여 키우는 동물'을 말해요. 강아지, 사자, 판다, 사람도 **포유류**에 속하죠. 아이가 태어나면 **모유** 母乳나 **분유** 粉乳를 먹다가 돌 즈음에 젖을 떼는데, '젖을 떼는 것'을 **이유** 離乳라고 합니다. 젖을 뗄 준비를 하며 아이에게 부드러운 음식을 먹이는데, 이때 먹이는 음식을 **이유식** 離乳食이라고 해요.

> **단어** **모유** 母乳 어머니 모, 젖 유 ㅣ **분유** 粉乳 가루 분, 젖 유
> **이유식** 離乳食 떠날 리/이, 젖 유, 밥 식

反 哺 之 孝
돌이킬 반 　 먹일 포 　 어조사 지 　 효도 효

반포지효 反哺之孝는 '먹이를 되 먹이는 효도'라는 뜻으로, 다 자란 자식이 부모님께 효도하는 것을 말해요. 새끼 까마귀는 성장하고 나서 늙은 어미 까마귀에게 먹을 것을 가져다 준다고 합니다. 까마귀를 **흉조**라고 하는데, **흉조** 凶鳥란 '좋지 않은 일을 가지고 오는 새'라는 뜻이에요. 하지만 알고 보면 까마귀는 이렇게 효성이 깊은 새랍니다. 그래서 까마귀를 **효조** 孝鳥라고도 해요.

> **단어** **흉조** 凶鳥 흉할 흉, 새 조 ㅣ **효조** 孝鳥 효도 효, 새 조

연습문제 문제가 설명하는 단어를 (보기)에서 찾아 빈 칸을 채워주세요.

보기

함포고복 含哺鼓腹
공복 空腹
개복 開腹

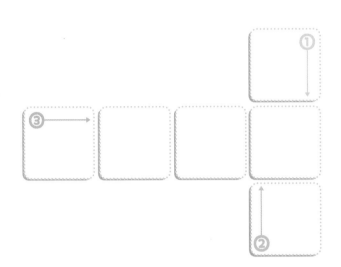

① 뱃속에 음식물이 들어있지 않아서 뱃속이 비어 있는 상태

② 수술을 하기 위해 배를 갈라서 여는 것

③ 입 속에 먹을 것을 가득 물고 있으면서 배를 두드림, 걱정 없고 배고픔 없이 평화롭게 사는 것을 의미하는 성어

보기

반포지효 反哺之孝
포육 哺育
포유류 哺乳類

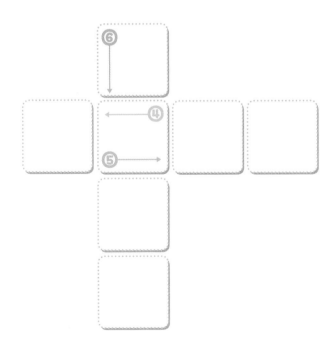

④ 동물이 새끼를 먹여서 기르는 것

⑤ 젖을 먹여 키우는 척추동물

⑥ '먹이를 되 먹이는 효도'라는 뜻으로 다 자란 자식이 부모님께 효도하는 것을 표현하는 성어

事 故
일 사   연고 고

思 考
생각 사   생각할 고

의미

생각지도 못하게 일어난 불행한 일

의미

생각하는 것

예문

• 그는 작년에 **사고**로 다리를 다쳤다.

• 큰 **사고**가 났지만 다행히 아빠는 크게 다치지 않으셨다.

예문

• 토론은 비판적 **사고**력을 기르는데 도움이 된다.

• 창의적 **사고**는 앞으로 AI와 함께 살아가야 하는 세상에서 우리가 꼭 갖추어야 할 역량이다.

02강

이 의 온 아 이 식 포 아
以衣溫我 以食飽我

옷으로(써) 나를 따뜻하게 하시고, 먹을 것으로(써) 나를 배부르게 하셨다.

오늘의 사자소학

以 衣 溫 我　以 食 飽 我

써 **이**　옷 **의**　따뜻할 **온**　나 **아**　써 **이**　먹을 **식**　배부를 **포**　나 **아**

옷으로(써) 나를 따뜻하게 하시고,　먹을 것으로(써) 나를 배부르게 하셨다.

 생각해 보기

부모님은 앉으나 서나 자식을 생각하고 걱정하세요. 여름에는 덥지 않을까, 겨울에는 춥지 않을까 걱정하시죠. 뭘 해주면 더 잘 먹을까, 어떤 음식을 더 맛있게 먹을까 늘 고민하세요. 여러분이 어떤 재능을 가지고 있는지 파악하려고 애쓰시고, 그 재능을 어떻게 발현할 수 있게 도와줄까 궁리하신답니다.

언제나 옷으로 따뜻하게 해주시고, 먹을 것으로 배부르게 해주시는 부모님께 감사하다고 말해보면 어떨까요?

 사자소학 써보기

以	衣	溫	我	以	食	飽	我
써 이	옷 의	따뜻할 온	나 아	써 이	먹을 식	배부를 포	나 아
써 이	옷 의	따뜻할 온	나 아	써 이	먹을 식	배부를 포	나 아

以 衣 温 我
이 의 온 아

溫 暖 化
따뜻할 **온** 따뜻할 **난** 될 **화**

지구**온난화** 溫暖化는 '지구의 평균 기온이 상승하는 것'을 말해요. 지구**온난화**로 인해 세계 곳곳에 기후 재앙이 일어나고 있죠.

상승 上昇은 '낮은 데서 위로 올라간다'는 뜻입니다. **상승**과 반대로 '높은 곳에서 아래로 향하여 내려오는 것'은 **하강** 下降이라고 하죠. 가파르게 오르고 있는 지구 온도의 **상승** 속도를 어떻게 하면 늦출 수 있을까요?

단어 **상승** 上昇 윗 상, 오를 승 ┃ **하강** 下降 아래 하, 내릴 강

溫 故 知 新
따뜻할 **온** 연고 **고** 알 **지** 새로울 **신**

온고지신 溫故知新은 '옛것에서부터 배워서 새로운 것에 대한 깨달음을 얻는다'는 뜻입니다. 溫(따뜻할 **온**)은 '익히다, 학습하다'라는 의미로 사용되었고, 故(연고 **고**)는 '옛것, 옛일'이라는 의미로 사용되었어요.

'옛날 이야기에서 유래되어 관용적으로 쓰는 단어'라는 의미의 **고사성어** 故事成語에도 故(연고 **고**)를 사용해요.

단어 **고사성어** 故事成語 연고 고, 일 사, 이룰 성, 말씀 어

以 食 飽 我
이 식 포 아

給 食
줄 급　밥 식

학교든 회사든 점심밥이 맛있으면 점심시간을 기다리는 내내 즐겁죠? **급식 給食**은 '학교, 군대 등에서 식사를 제공하는 것, 혹은 그 식사'를 말해요. '식사를 나누어 주는 것'은 **배식 配食**이라고 하죠.

옛날에는 '필요한 물건을 직접 만들어서 사용'하는 **자급자족 自給自足**의 생활을 했어요. 발을 나타내는 足(족)이 **자급자족**에서는 '충분하다, 만족하다'라는 의미예요.

> **단어**　**배식 配食** 나눌 배, 먹을 식
> **자급자족 自給自足** 스스로 자, 줄 급, 스스로 자, 발 족

食 困 症
밥 식　곤할 곤　증세 증

식곤증 食困症은 '밥을 먹은 후 졸린 증세'를 말해요. 음식을 섭취하면 소화를 위해 에너지가 많이 필요하고 위장으로 혈액이 몰리는데, 이때 뇌에 공급되어야 할 혈액양이 부족해져서 졸음이 오거나 집중이 잘 되지 않는 현상이죠.

춘곤증이란 말을 들어본 적이 있나요? **춘곤증 春困症**은 '봄이 되어서 나른하고 졸음이 오는 현상'이에요.

> **단어**　**춘곤증 春困症** 봄 춘, 곤할 곤, 증세 증

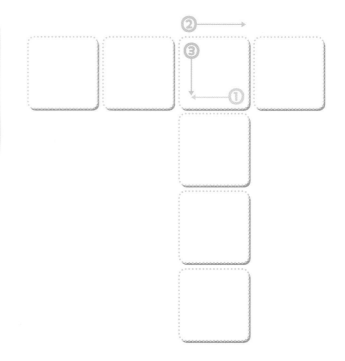

보기

온고지신 溫故知新
온난화 溫暖化
온대 溫帶

① 지구의 평균 기온이 점점 올라가는 현상

② 따뜻한 지역의 기후

③ 옛것에서부터 배워서 새로운 것에 대한 깨달음을 얻는다는 의미의 성어

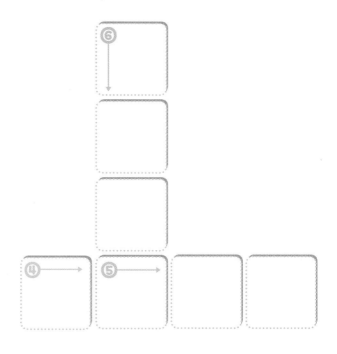

보기

식곤증 食困症
급식 給食
약육강식 弱肉強食

④ 학교, 군대 등에서 식사를 제공하는 것, 혹은 그 식사

⑤ 밥 먹고 나서 졸린 증세

⑥ 약한 것의 고기는 강한 것에게 잡아 먹힌다는 의미의 성어

强 度
강할 강   법도 도

의미

강한 정도, 센 정도

예문

• **강도**가 높은 연습을 잘 견디었으니 분명히 좋은 성과를 거둘 수 있을 것이다.

• **강도** 높은 비판에도 그들은 주장을 굽히지 않았다.

强 盜
강할 강   도둑 도

의미

다른 사람의 물건을 힘, 협박 등으로 빼앗는 사람, 또는 그런 짓

예문

• 물건의 값을 잘 모르는 어린이에게 터무니없는 비싼 가격으로 문구를 판매했다니, 칼만 들지 않았지 **강도** 나 다름없다.

• 경찰은 CCTV 1000대를 모두 확인하여 마침내 **강도**를 붙잡았다.

03강

은 고 여 천 덕 후 사 지

恩高如天 德厚似地

은혜가 하늘같이 높고, 덕이 땅처럼 두텁다.

오늘의 사자소학

恩 高 如 天   德 厚 似 地

은혜 **은**　높을 **고**　같을 **여**　하늘 **천**　　덕 **덕**　두터울 **후**　같을 **사**　땅 **지**

은혜가 하늘같이 높고,　　　　　　　　덕이 땅처럼 두텁다.

 생각해 보기

부모님께서 나에게 해 주신 고마운 일들을 적어보세요.

① 아침에 나보다 먼저 일어나셔서 학교 갈 준비를 도와주신다.

② 하기 싫으실 때도 있으실 텐데 빨래, 청소와 밥을 하신다.

③ 비가 오나 눈이 오나 일하러 나가신다.

④ 내가 열이 날 때 밤새 돌봐 주신다.

감사한 일을 다 쓰려고 하면 종이가 부족할 거예요. 감사한 것을 적어 보니 '부모님의 사랑과 은혜가 하늘같이 높고, 덕이 땅처럼 두텁다.'는 사자소학 구절이 마음에 더 와닿죠?

 사자소학 써보기

恩	高	如	天	德	厚	似	地
은혜 은	높을 고	같을 여	하늘 천	덕 덕	두터울 후	같을 사	땅 지
은혜 은	높을 고	같을 여	하늘 천	덕 덕	두터울 후	같을 사	땅 지

高齡化
높을 **고**   나이 **령**   될 **화**

고령 高齡은 '나이가 많음'을 뜻하고, **고령화** 高齡化는 '전체 인구에서 나이가 많은 사람의 비율이 높아지는 것'을 말해요. 단어 뒤에 化(될 **화**)를 붙이면 그 단어로 변한다는 의미를 나타내요.

연령이 높아지면 **노련**해져요. **연령** 年齡은 '나이'를 뜻하고, **노련** 老鍊은 '오랫동안 경험을 쌓아 익숙하고 잘 하는 것'이에요.

단어   **연령** 年齡 해 년/연, 나이 령 ∣ **노련** 老鍊 늙을 로/노, 단련할 련

等高線
같을 **등**   높을 **고**   줄 **선**

지도에서는 높이가 같은 곳을 선으로 이은 **등고선** 等高線과 색깔을 이용해서 땅의 높낮이를 나타내요.

1+2=3은 '1 더하기 2는 3과 같습니다.'라고 말하죠? 수학 기호 '='는 '같음을 나타내는 부호'로 **등호** 等號라고 하고, '양쪽이 같지 않음을 나타내는 부호'는 **부등호** 不等號라고 해요.

단어   **등호** 等號 같을 등, 부호 호 ∣ **부등호** 不等號 아닐 부, 같을 등, 부호 호

어휘 확장! 사자소학에 나왔던 한자가 쓰인 어휘를 더 알아볼까요?

德 厚 似 地
덕 후 사 지

餘 地
남을 **여** 땅 **지**

여지 餘地는 '남은 땅'이라는 의미 외에도 '어떤 일이 일어날 가능성이나 희망'을 나타내요. '넉넉하고 남는 것이 있는 상태'를 의미하는 **여유 餘裕**, '다 쓰고 난 나머지'라는 뜻의 **잉여 剩餘**, '종이에 그림을 그리거나 글씨를 쓰고 남은 자리'를 말하는 **여백 餘白**은 餘(남을 여)를 사용하는 대표적인 단어예요.

단어 **여유 餘裕** 남을 여, 넉넉할 유 ┃ **잉여 剩餘** 남을 잉, 남을 여
여백 餘白 남을 여, 흰 백

天 災 地 變
하늘 **천** 재앙 **재** 땅 **지** 변할 **변**

천재지변 天災地變은 '하늘의 재앙과 땅의 움직임'이라는 뜻으로, '폭우·폭설·홍수·가뭄·지진·냉해 등 자연의 이상 현상으로 발생하는 재해'를 말해요.
'재앙을 입어 받은 피해'라는 의미의 **재해 災害**, '재해를 받은 사람'을 뜻하는 **이재민 罹災民**, '인간에 의해 일어나는 재난'인 **인재 人災**에서도 災(재앙 재)를 찾아볼 수 있어요.

단어 **재해 災害** 재앙 재, 해할 해 ┃ **이재민 罹災民** 걸릴 리/이, 재앙 재, 백성 민
인재 人災 사람 인, 재앙 재

1장. 부모님과 나 35

보기

● 등고선 等高線
고령화 高齡化

① 지도에서 높이가 같은 곳을 연결
하여 땅의 높낮이를 나타낸 선

② 인구에서 나이가 많은 사람의 비
율이 높아지는 것

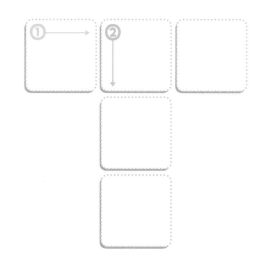

보기

● 여지 餘地
지하 地下
천재지변 天災地變

④ 남은 땅, 어떤 일이 일어날 가능
성이나 희망

⑤ 땅 아래

⑥ '하늘의 재앙과 땅의 움직임, 자연
의 이상현상으로 발생하는 재해'
라는 의미의 성어

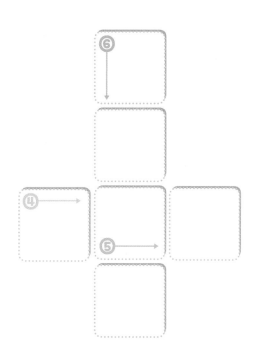

동음이의어 발음은 같지만 뜻이 다른 글자를 소개합니다.

高 度
높을 고 법도 도

의미

공중에 얼마나 높이 있느냐의 정도,
높은 수준

예문

• **고도**가 높을수록 산소의 양이 적어
진다.

• **고도**근시가 되지 않기 위해서 매일
먼 곳을 보며 눈 운동을 하고 있다.

古 都
옛 고 도읍 도

의미

옛날 한 나라의 수도였던 곳

예문

• 경주는 1000년의 **고도**이다.

• 중국의 장안, 이탈리아의 로마, 그
리스의 아테네와 이집트의 카이로
는 세계 4대 **고도**이다.

04강

부 모 호 아 유 이 추 진
父母呼我 唯而趨進

부모님이 부르시면, '네'하고 달려 나가라.

오늘의 사자소학

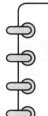

父 母 呼 我   唯 而 趨 進

아버지 **부** 어머니 **모** 부를 **호** 나 **아**   대답할 **유** 말 이을 **이** 달릴 **추** 나아갈 **진**

부모님이 부르시면,   '네'하고 달려 나가라.

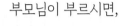 **생각해 보기**

여러분이 학교 끝나고 집에 와서 "다녀왔습니다."하고 인사했는데 부모님께서
쳐다 보시지도 않고 대답도 안 하신다면 얼마나 서운할까요?

무엇인가에 집중하고 있으면 옆에서 다른 사람이 말하는 소리가 잘 들리지 않을
때도 있어요. 이런 경우가 아니라면 부모님께서 부르실 때 "네!"하고 대답하고
달려나가면 부모님께서 분명히 기뻐하실 거예요.

효도는 멀리 있지 않아요.

 사자소학 써보기

父	母	呼	我	唯	而	趨	進
아버지 부	어머니 모	부를 호	나 아	대답할 유	말 이을 이	달릴 추	나아갈 진
아버지 부	어머니 모	부를 호	나 아	대답할 유	말 이을 이	달릴 추	나아갈 진

父 母 呼 我
부 모 호 아

呼 吸
내쉴 **호**　마실 **흡**

호흡 呼吸은 '숨을 내쉬고 들이쉬다'라는 뜻입니다. '같이 일하는 사람들과 조화롭다'는 의미도 나타내며, '**호흡**을 맞추다', '**호흡**이 잘 맞지 않는다' 등으로 활용해요.

드라큘라처럼 '피를 빨아먹는 귀신'인 **흡혈귀** 吸血鬼, '담배를 피우다'라는 뜻의 **흡연** 吸煙, '빨아들인다'는 의미의 **흡입** 吸入에서도 **吸**(마실 흡)을 사용해요.

> **단어**　**흡혈귀** 吸血鬼 마실 흡, 피 혈, 귀신 귀
> **흡연** 吸煙 마실 흡, 담배 연 ┃ **흡입** 吸入 마실 흡, 들 입

歡 呼
기쁠 **환**　부를 **호**

기쁠 때 사람들은 소리를 지르기도 하고 울기도 하죠. '기뻐서 크게 소리 지르는 것'을 **환호** 歡呼라고 하고, '크게 부르짖는 소리'를 **환호성** 歡呼聲이라고 해요.

歡(기쁠 환)을 사용한 단어로 '기쁘게 맞이한다'라는 뜻의 **환영** 歡迎, '기쁜 마음으로 반갑게 맞이하여 정성스럽게 대접한다'는 뜻의 **환대** 歡待가 있어요.

> **단어**　**환호성** 歡呼聲 기쁠 환, 부를 호, 소리 성
> **환영** 歡迎 기쁠 환, 맞을 영 ┃ **환대** 歡待 기쁠 환, 대할 대

唯 而 趨 進
유 이 추 진

急 進
급할 급 나아갈 진

급진 急進은 '급하게 나아간다'라는 뜻과 '목적하는 것을 서둘러 이루고자 한다'라는 두 가지의 뜻이 있어요.

고려 후기에 서둘러 고려를 버리고 새로운 나라를 건국하자는 **급진파** 急進派와 과격하지 않고 평온한 방법으로 고려를 다시 튼튼한 나라로 세워가자는 **온건파** 穩健派가 있었어요. 결국 **급진파** 이성계가 조선을 건국했죠.

> 단어 **급진파** 急進派 급할 급, 나아갈 진, 갈래 파
> **온건파** 穩健派 평온할 온, 튼튼할 건, 갈래 파

進 退 兩 難
나아갈 진 물러날 퇴 두 양 어려울 난

진퇴양난 進退兩難은 '나아가지도 물러나지도 못한다'라는 뜻으로 이러지도 저러지도 못하는 어려운 처지를 말해요. **진퇴양난**의 상황을 두고 딜레마에 빠졌다고 표현하기도 해요. '학교나 일터에서 끝나는 시간 전에 나오는 것'은 **조퇴** 早退라고 하고, '일터에서 일을 마치고 나오는 것'은 **퇴근** 退勤이라고 해요.

> 단어 **조퇴** 早退 이를 조, 물러날 퇴 | **퇴근** 退勤 물러날 퇴, 일할 근

보기

환호 歡呼

호흡 呼吸

호부호형 呼父呼兄

① 기뻐서 크게 소리 지름

② 숨을 내쉬고 들이쉬는 것

③ 아버지를 아버지라고 부르고, 형을 형이라고 부른다는 뜻의 성어

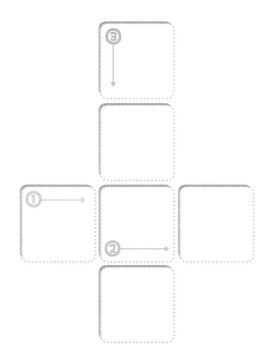

보기

진로 進路

진퇴양난 進退兩難

급진 急進

④ 서둘러 급하게 나아간다

⑤ 나아갈 길

⑥ 나아가는 것, 물러가는 것 두 가지 모두 어렵다는 뜻의 성어

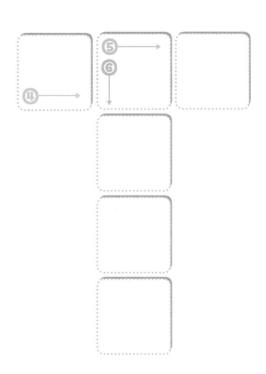

詩　人
시 시　사람 인

是　認
이 시　알 인

의미

시를 전문적으로 쓰는 사람

의미

어떠한 사실이나 내용을 그렇다고 인정함

예문

• 이성적이라고만 생각했던 수학 선생님이 시집을 내신 **시인**이라니, 놀라울 따름이다.

• **시인**의 감성으로 세상을 보면, 아름답지 않은 것이 없다.

예문

• 엘리베이터에서 방귀를 뀐 사람이 바로 나라고 나도 모르게 **시인**했다.

• 범인이 경찰에 잡히고 난 후 자신의 범죄 사실을 순순히 **시인**했다.

05강

부모출입 매필기립
父母出入 每必起立

부모님께서 나가시고 들어오시면, 매번 반드시 일어나라.

오늘의 사자소학

父 母 出 入   每 必 起 立

아버지 **부** 어머니 **모** 날 **출** 들 **입**   매양 **매** 반드시 **필** 일어날 **기** 설 **립**

부모님께서 나가시고 들어오시면,   매번 반드시 일어나라.

 생각해 보기

영화나 드라마에서 지위가 높은 사람이 회의실에 들어오는 장면을 본 적이 있나요? 사람들이 미리 와서 자리를 잡고 있을 뿐만 아니라, 지위가 높은 사람의 등장과 동시에 모두 자리에서 일어나 고개를 숙여 인사하곤 합니다. 자리에서 일어나 인사하는 것은 상대방에 대한 존중의 표현이에요.

부모님께서 외출하시거나 귀가하실 때 일어나서 인사하는 것은 부모님에 대한 존중의 표현이고, 또 부모님을 사랑하는 우리의 마음을 표현할 수 있는 좋은 방법 중 하나입니다.

 사자소학 써보기

父	母	出	入	每	必	起	立
아버지 부	어머니 모	날 출	들 입	매양 매	반드시 필	일어날 기	설 립
아버지 부	어머니 모	날 출	들 입	매양 매	반드시 필	일어날 기	설 립

父 母 (出) 入
부 모 출 입

噴 出
뿜어낼 **분**   날 **출**

'기체나 액체가 강하게 뿜어져 나오거나, 의견, 감정, 욕구 등이 한꺼번에 터져 나오는 것'을 **분출 噴出**이라고 해요. 현재 우리나라에는 '살아있는 화산'인 **활화산 活火山**은 없지만 마그마 **분출**의 흔적은 남아있어요. 화산이 폭발하면 가스, 마그마, 수증기 등을 **분출**하는데, 이것들을 '뿜어내는 구멍'을 **분화구 噴火口**라 하고, 우리나라에는 한라산의 백록담과 백두산의 천지가 대표적이에요.

> **단어**   **활화산 活火山** 살 활, 불 화, 메 산
> **분화구 噴火口** 뿜어낼 분, 불 화, 입 구

青 出 於 藍
푸를 **청**   날 **출**   어조사 **어**   쪽 **람**

청출어람 青出於藍 뒤에는 **청어람 青於藍**이 나오기도 해요. '푸른색은 쪽에서 나오지만 쪽보다 더 푸르다.'라는 뜻으로 스승보다 제자가, 선배보다 후배가 더 나음을 비유하는 말입니다. **藍(쪽 람)**의 '쪽'은 풀 이름이에요. 쪽풀의 잎으로 염색하면 어두운 푸른색이 나오는데, 염색한 것의 색이 원래 쪽풀의 잎 색깔보다 더 푸르답니다.

> **단어**   **청어람 青於藍** 푸를 청, 어조사 어, 쪽 람

每 必 起 立
매 필 기 립

起 床
일어날 **기** 평상 **상**

기상 起床은 '잠자리에서 일어나다'라는 뜻이고, **기립 起立**은 '일어서다'라는 뜻이에요. **기상**과 **기립**에서의 **起(기)**는 '일어나다'라는 의미죠.

起(기)가 '시작하다'라는 뜻을 나타내기도 하는데, '어떤 일이나 사물이 처음으로 생겼다'는 뜻의 **기원 起源**, '어떤 일이 시작되는 곳'이라는 뜻의 **기점 起點**이 대표적인 단어예요.

단어 **기립 起立** 일어날 기, 설 립 | **기원 起源** 일어날 기, 근원 원
기점 起點 일어날 기, 점 점

蜂 起
벌 **봉** 일어날 **기**

'벌'을 한자로 **蜂(봉)**이라고 하고 '꿀을 얻으려고 벌을 키우는 것'은 **양봉 養蜂**이라고 해요. **봉기 蜂起**는 '벌떼처럼 들고일어나는 것'을 말해요. 부정부패가 심하고 사회가 혼란스러워졌던 신라, 고려, 조선시대의 말기에 살기 힘들어진 백성들이 벌떼처럼 들고 일어나서 항의를 했지요. 백성들은 **봉기**를 통해서 불평등한 신분제도를 철폐하거나, 불합리한 세금제도 개선을 요구했어요.

단어 **양봉 養蜂** 기를 양, 벌 봉

보기

청출어람 靑出於藍
분출 噴出
출생 出生

① 기체나 액체가 강하게 뿜어져 나오거나, 의견, 감정, 욕구 등이 한꺼번에 터져 나오는 것

② 세상에 나오는 것, 아이가 태어나는 것

③ '푸른색은 쪽에서 나온다'는 의미의 성어, 스승보다 제자가, 선배보다 후배가 더 나음을 비유하는 말

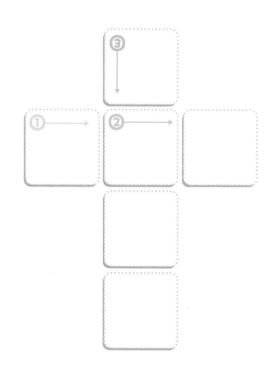

보기

봉기 蜂起
칠전팔기 七顚八起
기상 起床

④ 벌떼처럼 들고 일어남

⑤ 잠자리에서 일어나다

⑥ '일곱 번 넘어지고 여덟 번 일어난다'는 뜻의 성어, 여러 번의 실패에도 포기하지 않고 다시 노력하는 모습

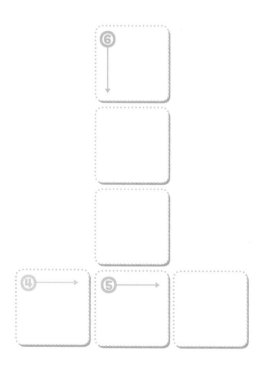

祈 願
빌 기　　원할 원

> **의미**

원하는 일을 이루어 달라고 비는 것

> **예문**

• 아버님의 쾌유를 **기원**합니다.

• 마라톤 완주를 **기원**하는 마음을 담아 파이팅을 외쳐보겠습니다.

棋 院
바둑 기　　집 원

> **의미**

바둑을 두는 사람에게 돈을 받고 시설과 장소를 빌려주는 곳

> **예문**

• 나는 **기원**으로 바둑 두러 가는 시간이 몹시 기다려진다.

• 우리 **기원**에서 이번에 유명한 바둑 기사들의 대국이 열린다.

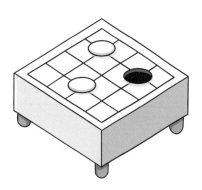

06강

출 필 곡 지 반 필 면 지
出 必 告 之 反 必 面 之

나갈 때 반드시 부모님을 뵙고 청하고,
돌아오면 반드시 부모님의 얼굴을 뵈어라.

오늘의 사자소학

出 必 告 之　反 必 面 之

날 **출**　반드시 **필**　뵙고 청할 **곡**　이것, 그것 **지**　돌이킬 **반**　반드시 **필**　얼굴 **면**　이것, 그것 **지**

나갈 때 반드시 부모님을 뵙고 청하고,　　　돌아오면 반드시 부모님의 얼굴을 뵈어라.

참고 告 는 오늘의 사자소학 문구에서만 '뵙고 청하다'라는 의미를 나타내며 '곡'이라고 읽어요.
보통은 '알리다'라는 의미로 사용되고 '고'라고 읽는답니다.

생각해 보기

부모님들께 아이를 키우며 아찔하고 철렁했던 순간이 언제였는지 물으면, 아이를 잃어버렸을 때라고 대답하는 분들이 많아요. 자녀가 어디에 있는지 알 수 없을 때 부모님의 마음은 말로 표현할 수 없을 만큼 고통스럽고 힘듭니다. 애간장이 녹아 내리는 심정이죠.

외출할 때는 부모님께 말씀드리고 허락을 받고 나가고, 집으로 돌아오면 꼭 다녀왔다고 부모님을 뵙고 인사해야 해요.

사자소학 써보기

出	必	告	之	反	必	面	之
날 출	반드시 필	뵙고 청할 곡	이것, 그것 지	돌이킬 반	반드시 필	얼굴 면	이것, 그것 지
날 출	반드시 필	뵙고 청할 곡	이것, 그것 지	돌이킬 반	반드시 필	얼굴 면	이것, 그것 지

出 必 告 之
출 필 곡 지

報 告
알릴 보   알릴 고

보고 報告는 '어떤 일에 대해 내용이나 결과를 알리는 것'이고, '보고하는 글이나 문서'는 **보고서** 報告書라고 해요.

'신문이나 뉴스가 사람들에게 새로운 소식을 알려주는 것'은 **보도** 報道라고 하지요. '앞으로 일어날 일을 미리 알려주는 기사'를 **예보** 豫報라고 하며, 일기 **예보**를 통해 미세먼지, 날씨 등을 미리 확인할 수 있어요.

> **단어**   **보고서** 報告書 알릴 보, 알릴 고, 글 서
> **보도** 報道 알릴 보, 말할 도 | **예보** 豫報 미리 예, 알릴 보

以 實 直 告
써 이   실제 실   곧을 직   알릴 고

이실직고 以實直告는 '있는 그대로 알리는 것'입니다. 실제를 의미하는 實(실)은 '열매', '사실', '재물', '풍족함' 등을 나타낼 수 있어요.

'먹을 수 있는 나무의 열매'라는 **과실** 果實에서의 實(실)은 열매를 의미하고, '실제로 행하는 일'이라는 **실행** 實行과 '실제로 시험해보는 것'이라는 **실험** 實驗에서의 實(실)은 '실제'라는 뜻을 나타내요.

> **단어**   **과실** 果實 실과 과, 열매 실 | **실행** 實行 실제 실, 행할 행
> **실험** 實驗 실제 실, 시험 험

反 必 面 之
반 필 면 지

反 省
돌이킬 반 살필 성

우리가 더 나은 사람이 되기 위해서는 자신의 말과 행동에 부족함이나 잘못이 없는지 돌이켜 살펴보아야 하는데, 이것을 **반성 反省**이라고 해요.

내적인 성장을 위해서는 **반성**과 함께 건강한 마음이 필요해요. 그러기 위해서 내 마음이 어떠한지 잘 살펴봐야 해요. '자세히 보는 것'은 **관찰 觀察**, '자기의 마음을 살펴보는 것'은 **성찰 省察**이라고 하지요. 지금 여러분의 마음은 안녕한가요?

> **단어** **관찰 觀察** 볼 관, 살필 찰 ┃ **성찰 省察** 살필 성, 살필 찰

賊 反 荷 杖
도둑 적 돌이킬 반 멜 하 몽둥이 장

적반하장 賊反荷杖은 '도둑이 오히려 몽둥이를 든다.'라는 뜻으로, '잘못한 사람이 도리어 잘한 사람을 탓한다'는 말입니다. 우리말 속담인 '방귀 뀐 놈이 성낸다.'가 **적반하장**에 해당되네요. '주인과 손님이 바뀌었다.'는 뜻의 성어인 **주객전도 主客顚倒**도 같은 상황에서 쓸 수 있어요.

> **단어** **주객전도 主客顚倒** 주인 주, 손님 객, 뒤집힐 전, 넘어질 도

연습문제   문제가 설명하는 단어를 (보기)에서 찾아 빈 칸을 채워주세요.

보기

보고 報告
이실직고 以實直告
경고 警告

① '있는 그대로 알리는 것'이란 의미의 성어

② 어떤 일을 주의하고 조심하라고 경계하여 알려주는 것

③ 어떤 일에 대해 내용이나 결과를 알리는 것

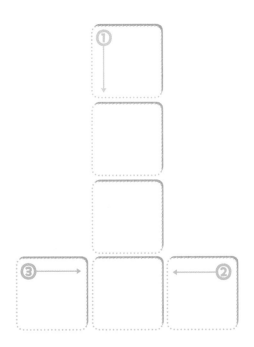

보기

반성 反省
반론 反論
적반하장 賊反荷杖

④ 도둑이 오히려 몽둥이를 든다는 뜻의 성어, 잘못한 사람이 도리어 잘한 사람을 탓한다는 의미

⑤ 토론할 때 나와 다른 의견에 대해 근거와 이유를 가지고 반대하여 말하는 것

⑥ 자신의 말과 행동에 부족함이나 잘못이 없는지 돌이켜 살피는 것

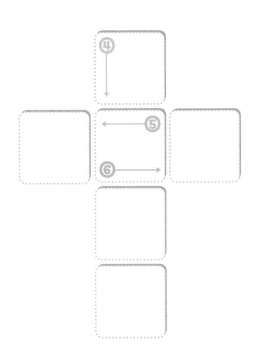

동음이의어 발음은 같지만 뜻이 다른 글자를 소개합니다.

報 道
알릴 보   말할 도

步 道
걸을 보   길 도

의미

신문이나 방송으로 전하고자 하는 것을 알리는 것

의미

사람이 걸어 다니기 위해 만든 길

예문

• **보도**를 통해 우리 동네의 사고 소식을 알았다.

• 지진으로 땅 속에 갇혔던 사람들이 모두 구조되었다는 **보도**에 뉴스를 지켜보던 사람들은 안도의 한숨을 내쉬었다.

예문

• 이 길은 차도와 **보도**의 구분이 없어서 어린이들이 걸어 다니는데 위험하다.

• 학교 앞 **보도**가 금연구역으로 지정되었다.

오늘의 사자소학

若 得 美 味　　歸 獻 父 母

만약 **약**　얻을 **득**　아름다울 **미**　맛 **미**　　돌아갈 **귀**　드릴 **헌**　아버지 **부**　어머니 **모**

만약 맛있는 것을 얻게 되면,　　　　돌아가서 부모님께 드려라.

 생각해 보기

맛있는 음식이 생겼을 때 혼자 다 먹어버리면 다른 식구들이 서운할 수 있어요.
맛있는 음식을 혼자서만 먹는다면 다같이 먹을 때보다 훨씬 더 많이 먹을 수 있
을 거예요. 하지만 좋아하는 사람과 맛있는 음식을 나누어 먹으면 먹는 양은 줄
어들지만 같이 먹는 사람들과 함께 누리는 행복은 더 커지죠.
맛있는 음식이 생기면 "엄마, 아빠 먼저 드세요."라고 말해보세요.

 사자소학 써보기

若	得	美	味	歸	獻	父	母
만약 약	얻을 득	아름다울 미	맛 미	돌아갈 귀	드릴 헌	아버지 부	어머니 모
만약 약	얻을 득	아름다울 미	맛 미	돌아갈 귀	드릴 헌	아버지 부	어머니 모

若 (得) 美 味
약   득   미   미

取 得
가질 **취**   얻을 **득**

취득 取得은 '어떤 것을 자기 것으로 가진다'는 뜻으로, '어떤 권리나 자격을 얻게 됨'을 의미하기도 해요.

획득 獲得은 '노력해서 얻고 싶은 것을 갖는다'는 말이에요. **습득 拾得**은 '주워서 얻은 것'을 말하는데, '지식을 쌓거나 기술을 익혀 자기의 것으로 한다'는 의미의 **습득 習得**과는 한자가 달라요.

> **단어** **획득 獲得** 얻을 획, 얻을 득 | **습득 拾得** 주울 습, 얻을 득
> **습득 習得** 익힐 습, 얻을 득

一 擧 兩 得
한 **일**   행할 **거**   두 **양**   얻을 **득**

일거양득 一擧兩得은 '한 가지 일을 해서 두 가지 이익을 얻는다'라는 의미예요. **일거양득**과 같은 의미의 우리말 속담으로는 '도랑 치고 가재 잡고', '누이 좋고 매부 좋고', '마당 쓸고 엽전 줍고', '꿩 먹고 알 먹고'가 있어요. '돌 하나로 새 두 마리를 잡는다'라는 의미의 **일석이조 一石二鳥**도 **일거양득**과 같은 의미의 성어예요.

> **단어** **일석이조 一石二鳥** 한 일, 돌 석, 두 이, 새 조

歸 獻 父 母
귀 헌 부 모

歸 家
돌아갈 **귀** 집 **가**

귀가 歸家는 '집으로 돌아가는 것과 돌아오는 것'을 말해요.

동물은 보통 낮에 활동을 하다가 저녁이 되면 일정한 장소로 돌아오는데, '동물이 자기가 사는 곳으로 돌아가려는 성질'을 **귀소본능** 歸巢本能이라고 해요. 연어가 산란기 때 알을 낳으려고 자신이 태어난 곳으로 되돌아오는 것도 **귀소본능** 때문이에요.

단어 **귀소본능** 歸巢本能 돌아갈 귀, 새집 소, 근본 본, 능할 능

事 必 歸 正
일 **사** 반드시 **필** 돌아갈 **귀** 바를 **정**

사필귀정 事必歸正은 '모든 일은 반드시 바르게 되돌아간다'는 의미예요. 지금 당장은 옳지 않은 방향으로 일이 전개되는 것 같아도, 결국 마지막에는 올바른 결과로 이어진다는 것이죠. 흥부와 놀부, 콩쥐 팥쥐 등 옛 이야기가 주는 교훈이 **사필귀정**인 경우가 많아요. 원인과 결과가 서로 맞물려 있다는 **인과응보** 因果應報도 **사필귀정**과 의미가 통해요.

단어 **인과응보** 因果應報 원인 인, 결과 과, 응할 응, 갚을 보

보기

일거양득 一擧兩得
득실 得失
취득 取得

① 어떤 것을 자기의 것으로 가짐,
　어떤 권리나 자격을 얻게 됨

② 얻는 것과 잃는 것

③ 한 가지 일을 해서 두 가지 이익
　을 얻는다는 의미의 성어

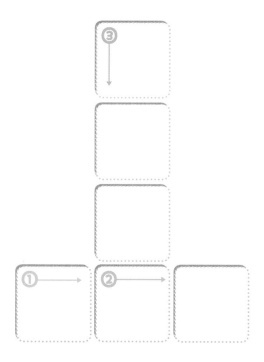

보기

귀성 歸省
사필귀정 事必歸正
귀가 歸家

④ 집으로 돌아가는 것, 집으로 돌아
　오는 것

⑤ 명절에 가족, 친척을 만나고 살펴
　보려고 고향으로 돌아가거나 돌
　아오는 것

⑥ 모든 일은 바르게 되돌아간다는 의
　미의 성어

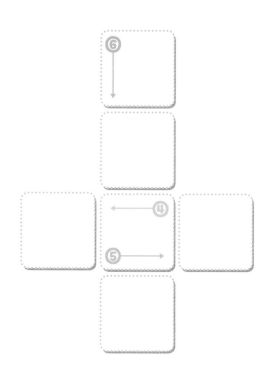

집 가   뜰 정

의미

한 집에 모여 사는 식구, 식구가 모여서 사는 집

예문

• 5월 가정의 달을 맞이하여 가족에게 편지 쓰기 대회를 진행합니다.

• 행복한 가정을 꿈꾼다면 가족들과 대화하는 데 힘써보세요.

임시 가   정할 정

의미

어떤 일이 정말 일어났다고 생각해보는 것

예문

• 여름 방학이 3개월이라고 가정하고 계획을 짜보세요.

• 불을 사용할 수 없다고 가정하고 해결 방법을 생각해 보자.

08강

의 복 수 악 여 지 필 착

衣服雖惡 與之必着

옷이 비록 나쁘더라도, 그것을 주시면 반드시 입어라.

오늘의 사자소학

衣 服 雖 惡　　與 之 必 着

옷 **의**　옷 **복**　비록 **수**　나쁠 **악**　　줄 **여**　이것, 그것 **지**　반드시 **필**　붙을 **착**

옷이 비록 나쁘더라도,　　　　　그것을 주시면 반드시 입어라.

 생각해 보기

'너희 중에 누가 아들이 떡을 달라 하는데 돌을 주며, 생선을 달라 하는데 뱀을 줄 사람이 있겠느냐.'라는 구절은 성경 마태복음에 나옵니다.

부모님은 자녀에게 가장 좋은 것을 주고 싶어 하세요. 부모님께서 사주신 옷이 마음에 들지 않나요? 내가 입고 싶었던 옷과 비교할 때 별로라는 생각이 드나요? 부모님께서 여러분에게 주신 옷이 마음에 쏙 들지 않더라도, 부모님의 정성을 생각해서 입어보세요. 생각보다 여러분에게 잘 어울릴 수도 있어요.

 사자소학 써보기

衣	服	雖	惡	與	之	必	着
옷 의	옷 복	비록 수	나쁠 악	줄 여	이것, 그것 지	반드시 필	붙을 착
옷 의	옷 복	비록 수	나쁠 악	줄 여	이것, 그것 지	반드시 필	붙을 착

衣 服 雖 (惡)
의 복 수 악

劣 惡
못할 **렬/열**　나쁠 **악**

열악 劣惡은 '품질·능력·시설 따위의 질이나 수준이 매우 떨어지고 나쁘다'는 뜻이에요. **열등감 劣等感**은 '자신의 능력이나 실력이 남보다 못하다고 느끼는 마음'인데, **열악**한 환경에서 자랐다고 해서 모두가 **열등감**을 가지고 살아가는 것은 아니에요. 다른 사람과 **우열**을 가리지 말고, 어제의 나보다 더 나은 내가 되기 위해 힘쓰기로 해요. **우열 優劣**은 '나은 것과 못한 것'을 말해요.

단어　**열등감 劣等感** 못할 렬/열, 무리 등, 느낄 감
　　우열 優劣 뛰어날 우, 못할 렬/열

勸 善 懲 惡
권할 **권**　착할 **선**　징계할 **징**　나쁠 **악**

권선징악 勸善懲惡은 '선한 일은 권하고 나쁜 일은 징계한다'는 의미의 성어입니다. **징계 懲戒**는 '잘못을 저지른 사람을 꾸짖거나 벌주는 것'을 말해요. 〈흥부전〉이나 〈장화홍련전〉은 '착한 일을 하면 복을 받고, 나쁜 일을 하면 벌을 받는다'는 **권선징악**을 주제로 한 재미있는 소설이에요.

단어　**징계 懲戒** 징계할 징, 경계할 계

與 之 必 着
여 지 필 착

愛 着
사랑 애   붙을 착

여러분은 아직도 **애착** 인형을 가지고 있나요? **애착** 愛着은 '아끼고 사랑해서 떨어지지 못하는 행동이나 마음'을 말해요.

낡고 망가진 **애착** 인형에 집착하고 있나요? **집착** 執着은 '어떤 것에 지나치게 마음을 쏟고 매달리는 것'이죠. **애정**을 쏟는 것은 좋지만 지나친 **집착**은 마음을 힘들게 해요. **애정** 愛情은 '사랑하는 마음'이라는 뜻이에요.

단어 **집착** 執着 잡을 집, 붙을 착 ㅣ **애정** 愛情 사랑 애, 뜻 정

定 着
정할 정   붙을 착

사냥과 채집으로 먹을 것을 얻었던 구석기 시대 사람들은 **정착** 생활을 할 수 없었어요. **정착** 定着은 '한 곳에 자리 잡고 머물러 사는 것'을 말하죠. 떠돌아다니며 생활했기 때문에, 삶이 **안정**적이지 않았어요. **안정** 安定은 '달라지지 않고 쭉 이어져 일정한 상태를 유지하는 것'을 말해요. 먹을 것이 더 이상 없을 때는 주저하지 않고 다른 곳으로 떠날 것을 **결정** 決定했을 거예요.

단어 **안정** 安定 편안할 안, 정할 정 ㅣ **결정** 決定 결단할 결, 정할 정

보기

악담 惡談
권선징악 勸善懲惡
열악 劣惡

① 선한 일은 권하고 나쁜 일은 징계
    한다는 의미의 성어

② 품질이나 능력, 시설 따위의 질이
    나 수준이 매우 떨어지고 나쁨

③ 다른 사람이 잘못되기를 바라며
    하는 나쁜 말

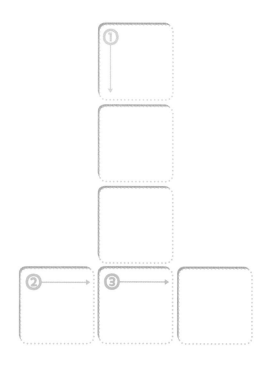

보기

정착 定着
애착 愛着
자가당착 自家撞着

④ 아끼고 사랑해서 떨어지지 못하
    는 행동이나 마음

⑤ 스스로 부딪치기도 하고 붙기도
    한다는 뜻의 성어로, 같은 사람의
    말과 행동이 앞뒤가 맞지 않고 모
    순된다는 의미

⑥ 한곳에 자리 잡고 머물러 사는 것

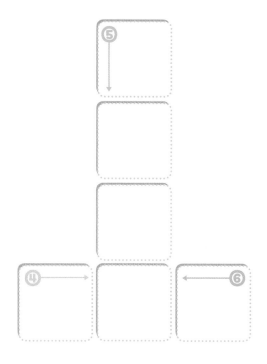

동음이의어 발음은 같지만 뜻이 다른 글자를 소개합니다.

風 俗
바람 풍   풍습 속

의미

옛날부터 한 사회에 전해져 내려오는 생활
습관

예문

• 당시 **풍속**으로 봤을 때 스무 살은
결혼 적령기라고 할 수 있다.

• 단원 김홍도의 그림에는 조선 후기
의 **풍속**이 담겨있다.

風 速
바람 풍   빠를 속

의미

바람이 부는 속도

예문

• **풍속**이 빨라지면 산불 발생률도 증
가한다.

• 출렁다리가 다른 때보다 더 흔들리
는 것을 보니 **풍속**이 빠른 게 틀림
없다.

09강 身體髮膚 勿毁勿傷

몸과 머리카락과 피부는 상하게 하지 말고 다치게 하지 말아라.

오늘의 사자소학

身體髮膚　勿毀勿傷

몸 **신**　몸 **체**　터럭 **발**　살갗 **부**　　말 **물**　헐 **훼**　말 **물**　다칠 **상**

몸과 머리카락과 피부는　　　상하게 하지 말고 다치게 하지 말아라.

 생각해 보기

엄마는 뱃속에 아이를 품고 있을 때 아이가 아프지는 않은지, 열 달 동안 건강하게 잘 자라고 있는지 낳는 날까지 걱정하세요. 아이를 출산하고 나면 콧물이 조금만 나도, 기침을 몇 번만 해도, 열이 조금만 올라도 부모님은 걱정하시느라 잠을 못 이루십니다. 열이 펄펄 끓어 오르면 밤새 보살펴 주시죠. 여러분이 아플 때 '내가 대신 아픈 게 낫겠다'라고 생각하시는 분이 바로 여러분의 부모님이세요. 여러분 자신의 몸을 소중하게 생각하는 것이 곧 부모님을 아끼고 사랑하는 것이랍니다.

 사자소학 써보기

身	體	髮	膚	勿	毀	勿	傷
몸 신	몸 체	터럭 발	살갗 부	말 물	헐 훼	말 물	다칠 상
몸 신	몸 체	터럭 발	살갗 부	말 물	헐 훼	말 물	다칠 상

'직접 몸으로 겪는 것'을 **체험** 體驗이라고 하고, '**체험**으로 알게 되는 것'을 **체득** 體得이라고 해요. 직접적인 **체험**을 통해 쌓은 지식과 기술은 잘 잊혀지지 않죠.
모든 것을 직접 경험하고, **체험**을 통해 모든 지식을 얻을 수는 없기 때문에, 독서를 통해 간접적으로 경험해보는 것이 중요해요.

> 단어 **체험** 體驗 몸 체, 시험 험

일심동체 一心同體는 '한 마음과 한 몸'이라는 뜻으로 여러 사람이 하나로 뭉치는 것을 말해요. **동고동락**한 사이라면 **일심동체**가 되기 쉬울 거예요. **동고동락** 同苦同樂은 '괴로움도 함께 하고 즐거움도 함께 한다'는 의미이고, '**고락** 苦樂을 함께 하다'처럼 줄여서 사용할 수도 있어요.

> 단어 **동고동락** 同苦同樂 같을 동, 쓸 고, 같을 동, 즐거울 락

勿 毀 勿 傷
물 훼 물 상

凍 傷
얼 동 다칠 상

동상 凍傷은 '강한 추위에 노출된 살갗이 얼어서 상하는 것'을 말해요. 너무 추운 날씨에 외출을 자제해야 하는 이유죠.

다쳤을 때 바르는 연고의 사용 설명서를 보면, 분명히 우리말로 써 있는데 이해가 잘 가지 않아요. 설명서에 쓰여있는 **찰과상 擦過傷**은 '스치거나 문질려서 피부가 벗겨진 상처', **열상 裂傷**은 '피부가 찢어져서 생긴 상처'를 말해요.

> **단어** **찰과상 擦過傷** 문지를 찰, 지날 과, 다칠 상 ǀ **열상 裂傷** 찢을 열, 다칠 상

損 傷
덜 손 다칠 상

뉴스에서 교통사고 소식을 자주 접할 수 있는데, 기사에는 교통사고가 어디에서 발생했는지, 원인은 무엇인지, 차량 **손상**의 정도가 어떠하며, **사상자** 수가 몇 명인지, **상해**의 정도가 얼마나 심한지 등의 내용이 나와요. **손상 損傷**은 '물체가 망가지거나 흠이 난 것'을 말하고, **상해 傷害**는 '남을 다치게 하는 것'을 의미하며, **사상자 死傷者**는 '죽거나 다친 사람'을 뜻해요.

> **단어** **상해 傷害** 다칠 상, 해할 해 ǀ **사상자 死傷者** 죽을 사, 다칠 상, 사람 자

보기

도체 導體
체득 體得
일심동체 一心同體

① '한 마음과 한 몸'이라는 뜻의 성어, 여러 사람이 하나로 뭉친다는 의미

② 금속처럼 전기가 통하는 물질

③ 체험으로 알게 되는 것

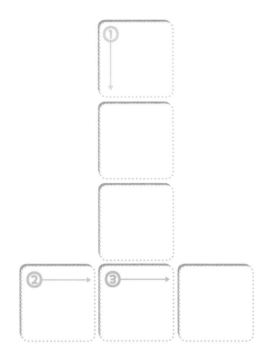

보기

중상모략 中傷謀略
손상 損傷
동상 凍傷

④ 물체가 망가지거나 흠이 남

⑤ 강한 추위에 노출된 살갗이 얼어서 상함

⑥ 근거 없는 말로 다른 사람을 음해하고 속임수로 남을 해한다는 의미의 성어

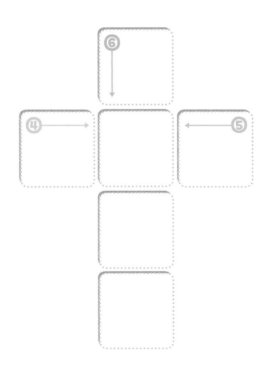

單 身
홑 단   몸 신

의미

혼자의 몸

예문

• 전쟁이 일어나자 그는 **단신**으로 피난길에 올랐다.

• 회장님은 **단신**으로 선수단을 방문해 격려금을 전달했다.

短 身
짧을 단   몸 신

의미

작은 키

예문

• 키가 180cm이면 미국 농구 선수들 중에서는 **단신**이라고 할 수 있다.

• **단신**인 선수가 장신인 선수를 제치고 높이뛰기에서 우수한 성적을 거두었다.

10강

물 등 고 수 부 모 우 지
勿登高樹 父母憂之

높은 나무에 오르지 마라, 부모님이 그것을 걱정하신다.

아그작 아그작

어떡해~

걱정 걱정

아니 저렇게 높이 올라가 있으면 어떡해~ 네가 무슨 원숭이인 줄 알아?

허우적 허우적

물등고수 부모우지라고 했어!
바오야, 얼른 내려와~
엄마랑 아빠가 걱정하신다!

어서...

꺄르륵 꺄르륵

안 내려오네, 어쩌지?

너무 걱정 마~ 판다는 나무를 아주 잘 탄다고!

오늘의 사자소학

勿 登 高 樹   父 母 憂 之

말 **물** 오를 **등** 높을 **고** 나무 **수**   아버지 **부** 어머니 **모** 근심 **우** 이것, 그것 **지**

높은 나무에 오르지 마라,   부모님이 그것을 걱정하신다.

 생각해 보기

옛날 중국의 기나라에 앉으나 서나 걱정하느라 아무 일도 못하는 사람이 있었어요. 하늘이 무너지면 어쩌나, 땅이 꺼지면 어쩌나 걱정하느라 시름시름 앓기 시작했어요. 이것은 '기나라 사람의 걱정'이라는 뜻의 성어 '기우(杞憂)'에 관한 이야기로, '지나치게 걱정하는 것이나 쓸데 없는 걱정'을 말해요.

사서 하는 근심, 하지 않아도 될 걱정은 건강을 해칠 수 있지만, 적절하게 주의하고 안전을 생각하는 마음은 나와 내 가족을 지켜줘요.

 사자소학 써보기

勿	登	高	樹	父	母	憂	之
말 물	오를 등	높을 고	나무 수	아버지 부	어머니 모	근심 우	이것, 저것 지
말 물	오를 등	높을 고	나무 수	아버지 부	어머니 모	근심 우	이것, 저것 지

勿　登　高　樹
물　등　고　수

登　場
오를 등　마당 장

'공연, 경기 등을 하기 위해 사람들 앞에 나오는 것'을 **등장 登場**이라고 해요. 공연장이 만들어지기 전에는 장이 선 날 너른 마당에서 신나는 공연이 펼쳐졌기 때문에, 공연을 위해 마당에 나온다는 의미에서 **등장**이라는 말이 유래되었어요. 소설·연극·영화 등에서 인물이 나타나는 것도 **등장**이라고 하지요. 물건을 사고파는 **시장 市場**, 학교의 **운동장 運動場**에도 **場**(마당 장)을 써요.

단어　**시장 市場** 시장 시, 마당 장 ｜ **운동장 運動場** 옮길 운, 움직일 동, 마당 장

登　龍　門
오를 등　용 용　문 문

중국 황하 상류에 있는 좁은 계곡인 '용문'에는 이 계곡을 오르려는 물고기들이 많이 모여요. 용문 근처에 물살이 빠른 폭포가 있어서 물고기가 오르기 힘들지만, 오르기만 하면 용이 된다는 전설이 있어요. 그래서 어려운 시험이나 과정을 거쳐서 크게 출세한다고 말할 때 **용문**에 오른다는 뜻의 **등용문 登龍門**을 사용해요. '인재를 뽑아 쓴다'는 뜻의 **등용 登用**과 **등용문**의 용은 사용하는 한자가 달라요.

단어　**등용 登用** 오를 등, 쓸 용

우려 憂慮는 '어떤 일이 잘못되지 않을까 근심하거나 걱정하는 것'입니다. **우려**와 비슷한 의미의 단어 **염려 念慮**는 '이리저리 헤아려 보며 걱정한다'는 뜻이에요.

심려와 근심은 마음을 상하게 해요. **심려 心慮**는 '마음 속으로 걱정하는 것'을 말해요. 걱정한다고 걱정이 사라지면 걱정이 없겠네요!

단어　**염려 念慮** 생각 념, 생각 려 ┃ **심려 心慮** 마음 심, 생각 려

일제시대에는 우리가 잘 알고 있는 유관순, 안중근, 안창호, 윤봉길 의사 외에도 이회영, 박상진 의사 등 **우국지사**가 많이 계셨어요. **우국지사 憂國志士**는 '나라를 걱정하는 사람'을 말해요. '나라를 걱정하는 마음'은 **우국지정 憂國之情**이라고 하죠. 목숨도 아까워하지 않으신 **우국지사**들이 계셨기에 우리가 지금 대한민국에서 행복한 삶을 누리고 있는 거예요.

단어　**우국지정 憂國之情** 근심 우, 나라 국, 어조사 지, 뜻 정

보기

등용문 登龍門
등장 登場
등산 登山

① 산에 오름

② 공연, 경기 등을 하기 위해 사람들 앞에 나옴

③ '어려운 시험이나 과정을 거쳐서 크게 출세한다'는 의미의 성어

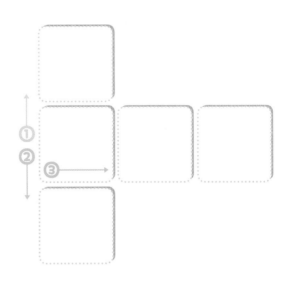

보기

우환 憂患
우려 憂慮
우국지사 憂國志士

④ 걱정, 근심이 되는 일, 집안에 환자가 생겨서 드는 걱정이나 근심

⑤ 어떤 일이 잘못되지 않을까 근심하거나 걱정함

⑥ '나라를 걱정하는 사람'이라는 뜻의 성어

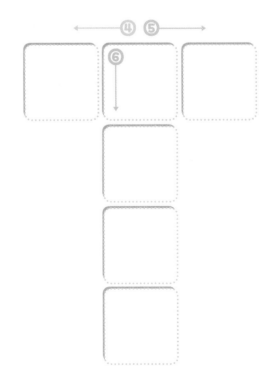

동음이의어 발음은 같지만 뜻이 다른 글자를 소개합니다.

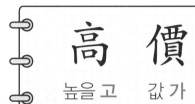

高 價
높을 고   값 가

高 架
높을 고   건너지를 가

의미

비싼 가격

의미

높은 곳에 건너질러 설치하는 것

예문

• 청소년이 **고가**의 핸드폰을 사용하는 것이 합리적인 일인지 생각해봅시다.

• 이 매장에는 초**고가**부터 초저가 상품까지 없는 게 없다.

예문

• 오늘 **고가** 도로 철거로 차량이 통제됩니다.

• 고층 아파트에서 사고가 발생하여 **고가**사다리차가 동원되어 구조 활동이 시작되었다.

11강

물 영 심 연 부 모 념 지
勿 泳 深 淵 父 母 念 之

깊은 연못에서 헤엄치지 말아라, 부모님이 그것을 염려하신다.

오늘의 사자소학

勿 泳 深 淵　父 母 念 之

말 물　헤엄칠 영　깊을 심　못 연　아버지 부　어머니 모　생각 념　이것, 그것 지

깊은 연못에서 헤엄치지 말아라,　　부모님이 그것을 염려하신다.

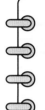 ## 생각해 보기

더운 여름철에 하는 신나고 즐거운 물놀이는 생각만 해도 기분이 좋아지죠?

물놀이를 하는 것은 즐거운 일이지만, 물은 언제나 조심해야 해요. 물에 빠지면 당황해서 무릎밖에 오지 않는 물에서도 허우적댈 수 있어요.

아무리 수영을 잘 해도 깊은 물에서 하는 수영, 바다와 냇가에서 하는 물놀이는 보호자와 함께 해야 해요.

호랑이 굴에 들어가도 정신만 바짝 차리면 살 수 있다는 속담이 있죠? 혹시 물에 빠지는 사고가 생기더라도 당황하지 말아요.

 ## 사자소학 써보기

勿	泳	深	淵	父	母	念	之
말 물	헤엄칠 영	깊을 심	못 연	아버지 부	어머니 모	생각 념	이것, 그것 지
말 물	헤엄칠 영	깊을 심	못 연	아버지 부	어머니 모	생각 념	이것, 그것 지

勿 泳 深 淵
물 영 심 연

深 海
깊을 심   바다 해

심해 深海는 '깊이 2000m 이상의 깊은 바다'를 말해요. 깊은 바다인 **심해**에는 햇빛이 들지 않기 때문에 어두워요.

'바다 밑에도 산의 계곡처럼 움푹 들어간 곳'이 있는데, 이것을 **해구** 海溝라고 해요. 마리아나 **해구**의 깊이는 1만 미터가 넘어요.

'바다의 밑바닥'인 **해저** 海底는 아직도 밝혀지지 않은 것이 더 많은 미지의 세계랍니다.

> **단어** **해구** 海溝 바다 해, 도랑 구 ┃ **해저** 海底 바다 해, 밑 저

深 思 熟 考
깊을 심   생각 사   익을 숙   생각할 고

심사와 **숙고** 모두 '깊이 생각하고, 곰곰이 생각한다'는 뜻으로 **심사숙고** 深思熟考는 '깊이 잘 생각하는 것'을 의미하는 성어예요.

여러분, 삶은 계란 좋아하세요? 반숙을 좋아하나요, 아니면 완숙을 좋아하나요? **반숙** 半熟 은 '반만 익은 것', **완숙** 完熟은 '완전히 다 익은 것'을 말하죠. 熟(익을 숙)은 '열매가 속이 꽉 차서 익거나, 가열해서 날 것이 익었다'는 뜻을 나타내는 한자입니다.

> **단어** **반숙** 半熟 절반 반, 익을 숙 ┃ **완숙** 完熟 완전할 완, 익을 숙

父 母 念 之
부 모 념 지

執 念
잡을 집 생각 념

집념 執念은 '한 가지 일에 매달려 마음을 쏟는 것'을 말해요. 흔히 사람들은 어떠한 일을 이루어 내는 데에 **불굴**의 **의지**와 **집념**이 필요하다고 얘기해요. **의지 意志**는 '어떤 일을 이루고자 하는 뜻'이고, **불굴 不屈**은 '온갖 어려움에도 뜻을 굽히지 않는 것'이에요. 내가 매달리는 일이 바른 것이고, 또 옳은 방향으로 가고 있다면 **집념**과 **의지**를 가지고 지속해 봅시다!

> **단어** **의지 意志** 뜻 의, 뜻 지 ∣ **불굴 不屈** 아니 불, 굽힐 굴

斷 念
끊을 단 생각 념

단념 斷念은 '하려고 마음 먹었던 일을 관두는 것'이고, **포기 抛棄**는 '하던 일을 중도에 그만 두는 것'을 말하죠. **결단 決斷**은 '어떻게 할지 마음을 정하는 것'이고요.
어떤 일을 하다가 정말 힘들다면, 불굴의 집념으로 포기하지 말고 끝까지 해야 할 일인지, **단념**해야 할 일인지 심사숙고 해보세요. 용기를 내어 **결단**해야 **포기**도 할 수 있는 거니까요.

> **단어** **포기 抛棄** 던질 포, 버릴 기 ∣ **결단 決斷** 결단할 결, 끊을 단

연습문제 문제가 설명하는 단어를 〈보기〉에서 찾아 빈 칸을 채워주세요.

보기

심해 深海
심사숙고 深思熟考
심야 深夜

① '깊이 잘 생각함'을 의미하는 성어

② 깊이 2000m 이상의 깊은 바다

③ 깊은 밤

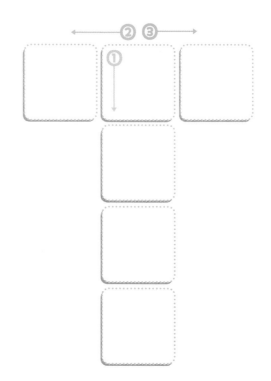

보기

염념불망 念念不忘
단념 斷念
집념 執念

④ 한 가지 일에 매달려 마음을 쏟음

⑤ 하려고 마음 먹었던 일을 관둠

⑥ '자꾸 생각이 나서 잊지 못함'을 의미하는 성어

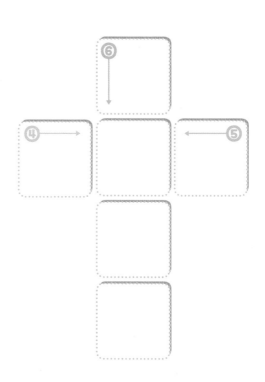

동음이의어　발음은 같지만 뜻이 다른 글자를 소개합니다.

賣　場
팔 매　마당 장

의미

물건을 파는 장소

예문

- 무인 **매장**의 종류가 점점 다양해지고 있다.

- 이제 막 점심시간이 시작되었을 뿐인데 **매장** 밖 100미터까지 대기 줄이 길게 서 있다.

埋　藏
묻을 매　감출 장

의미

묻어서 감추는 것

땅속에 금·철·구리 등의 금속 광물이나 석유·석탄 등의 에너지 자원 등이 묻혀 있는 것

예문

- 남극에는 막대한 지하자원이 **매장**되어 있다.

- 정부는 천연가스가 **매장**되어 있다고 여겨지는 곳에 탐사선을 보낼 예정이다.

12강

물 여 인 투 부 모 불 안
勿與人鬪 父母不安

다른 사람과 다투지 말아라, 부모님께서 불안해하신다.

오늘의 사자소학

勿 與 人 鬪   父 母 不 安

말 **물**　더불 **여**　사람 **인**　싸울 **투**　　아버지 **부**　어머니 **모**　아니 **불**　편안할 **안**

다른 사람과 다투지 말아라,　　　　　　부모님께서 불안해하신다.

 생각해 보기

작은 싸움이든 큰 싸움이든 싸움은 우리 마음의 평안을 깨트립니다. 나와 관계 없는 사람이 싸우는 것을 옆에서 보는 것만으로도 마음이 불편한데, 자녀가 다른 사람과 싸우는 것을 보는 것은 말할 필요도 없겠죠. 자녀끼리 싸우는 것도 부모님의 마음을 편치 않게 해드리는 일이에요.

타인의 잘못을 지적할 때 상대방의 감정이 상하지 않게 지혜로운 말로 하고, 상대방의 입장에서 생각해서 말한다면 싸울 일이 많지 않을 거예요.

 사자소학 써보기

말 물	더불 여	사람 인	싸울 투	아버지 부	어머니 모	아니 불	편안할 안
말 물	더불 여	사람 인	싸울 투	아버지 부	어머니 모	아니 불	편안할 안

勿 與 人 鬪
물 여 인 투

鬪 牛
싸울 투   소 우

빨간 천을 들고 있는 **투우**사가 소와 싸움을 하는 장면을 본 적이 있나요? **투우 鬪牛**는 스페인에서 수천 년 동안 이어져 내려온 전통 문화예요.

닭끼리 싸우게 하는 **투계 鬪鷄**, 개끼리 싸우게 하는 **투견 鬪犬**이 열리는 국가도 있어요. 동물권 보호를 위해 **투우·투계·투견**을 금지시켜야 한다는 동물보호단체와 전통문화이니 지켜야 한다는 입장을 가진 사람들 사이에서 논쟁이 일고 있지요.

> **단어** **투계 鬪鷄** 싸울 투, 닭 계 | **투견 鬪犬** 싸울 투, 개 견

孤 軍 奮 鬪
외로울 고   군사 군   떨칠 분   싸울 투

고군분투 孤軍奮鬪란 '지원군 없는 외로운 군대가 힘써서 싸운다'는 뜻으로, 적은 수의 군사들이 힘써 싸우는 모습을 나타내는 성어이죠.

'다른 사람과 어울리지 못하여 따로 떨어져 있다'는 의미인 **고립 孤立**, '부모가 없는 아이'라는 의미인 **고아 孤兒**, '외롭고 쓸쓸하다는 의미'의 **고독 孤獨**에서도 孤(외로울 고)를 써요.

> **단어** **고립 孤立** 외로울 고, 설 립 | **고아 孤兒** 외로울 고, 아이 아
> **고독 孤獨** 외로울 고, 홀로 독

父 母 不 安
부   모   불   안

便 安
편할 **편**   편안할 **안**

편안 便安은 '편하고 걱정이 없는 것'을 말합니다. 몸이 아프지 않고 힘들지 않은 상태, 마음에 불안함이 없고 걱정이 없는 상태인 것이죠.

'밤낮을 가리지 않고 고객의 편의를 위해 여는 가게'인 **편의점 便宜店**, '하기 쉽고 이로우며 이용하기 쉬움'을 나타내는 **편리 便利**에서도 便(편할 편)을 사용해요.

> **단어** **편의점 便宜店** 편할 편, 마땅할 의, 가게 점 ∣ **편리 便利** 편할 편, 이로울 리

安 分 知 足
편안할 **안**   나눌 **분**   알 **지**   발 **족**

안분지족 安分知足은 '자신의 분수를 지키며 만족할 수 있는 것'을 말합니다. 편안한 마음으로 자신의 처지에 맞게 생활할 줄 알며 만족할 줄 아는 것은 행복해지는 비결이에요.

안분지족에서 足(족)은 '충분하다, 만족하다'라는 의미예요.

'손과 발'을 뜻하는 **수족 手足**, '발을 따뜻한 물에 담근다'는 뜻의 **족욕 足浴**에서는 足(족)이 '발'을 나타내요.

> **단어** **수족 手足** 손 수, 발 족 ∣ **족욕 足浴** 발 족, 목욕 욕

연습문제

문제가 설명하는 단어를 〈보기〉에서 찾아 빈 칸을 채워주세요.

① 글러브를 끼고 상대방과 대결하는 운동으로, 주먹으로 싸운다는 의미

② 스페인에서 수천년 동안 이어져 내려온 것으로서 소와 사람이 싸우는 경기

③ '지원군 없이 외로운 군대가 힘써서 싸우는 것'을 의미하는 성어

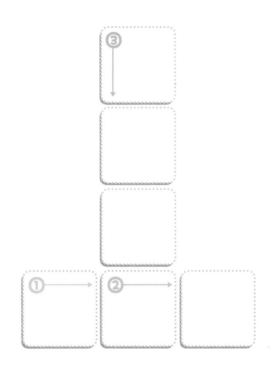

④ 편하고 걱정이 없는 것

⑤ 편안하게 쉰다는 뜻

⑥ '자신의 분수를 지키며 만족할 수 있는 것'을 의미하는 성어. 자기의 처지에 맞게 생각하고 생활할 줄 알며, 만족할 줄 아는 것을 나타냄

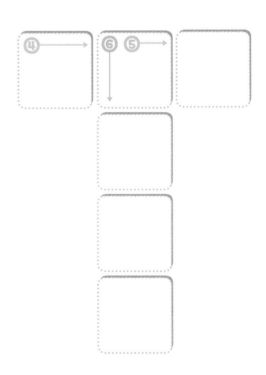

不 足
아닐 부 발 족

의미

모자라는 것, 충분하지 않은 것

예문

• 농촌의 **부족**한 일손을 도우려고 많은 사람이 봉사활동에 참여했다.

• 일자리가 **부족**하여 청년들이 취업에 어려움을 겪고 있다.

部 族
떼 부 겨레 족

의미

같은 종족으로 같은 언어를 사용하고, 주거 지역이 같으며, 같은 문화를 공유하는 사람들의 집단

예문

• 단군신화에는 곰 **부족**과 호랑이 **부족**이 등장한다.

• 몇 년 전 아마존의 원주민 **부족**에서 처음으로 여성 족장이 탄생했다.

일 기 부 모 기 죄 여 산

一 欺 父 母 其 罪 如 山

한 번 부모를 속이면, 그 죄가 산과 같다.

오늘의 사자소학

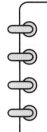

一 欺 父 母　其 罪 如 山

한 **일**　속일 **기**　아버지 **부**　어머니 **모**　　그 **기**　허물 **죄**　같을 **여**　메 **산**

한 번 부모를 속이면,　　　　　　　그 죄가 산과 같다.

생각해 보기

우리는 살아가며 거짓말하고 싶은 유혹에 빠질 때가 있어요. 나의 잘못과 실수를 들키고 싶지 않아서, 혼나고 싶지 않아서, 다른 사람에게 잘 보이고 싶어서 등등 거짓말이 나도 모르게 나오기도 하지요.

혼나고 싶지 않아서, 순간을 모면하기 위해 거짓말을 하는 것은 어리석은 행동입니다. 사람을 잠시 속일 수는 있어도 영원히 숨길 수는 없어요. 다른 사람을 속일 수 있다고 해도 나 자신을 속일 수는 없으니까요. 우리에게 언제나 정직할 수 있는 용기가 솟아나길!

사자소학 써보기

一	欺	父	母	其	罪	如	山
한 일	속일 기	아버지 부	어머니 모	그 기	허물 죄	같을 여	메 산
한 일	속일 기	아버지 부	어머니 모	그 기	허물 죄	같을 여	메 산

一 欺 父 母
일 기 부 모

一 貫
한 **일** 꿸 **관**

일관 一貫은 '무언가를 할 때 처음부터 끝까지 한결같이 하는 것'을 말해요. 같은 방법을 사용하는 것, 같은 마음으로 하는 것 모두 해당된답니다.

'시작할 때 가진 마음으로 끝까지 해낸다'고 할 때 **초지일관 初志一貫**이라는 성어를 사용하기도 해요. 이 책을 읽는 모든 분들이 처음 책을 읽을 때와 **일관**된 마음으로 마지막 장까지 읽기를 바라요.

> **단어** **초지일관 初志一貫** 처음 초, 뜻 지, 한 일, 꿸 관

一 長 一 短
한 **일** 길 **장** 한 **일** 짧을 **단**

일장일단 一長一短은 '잘 하는 것 하나, 못하는 것 하나'라는 뜻으로, 장점도 있고 단점도 있다는 의미입니다.

長(장)은 '길다' 외에도 '잘하는 것, 우수하다'라는 의미가 있고, **短(단)**은, '짧다'라는 뜻 말고도 '허물, 결점, 모자르다'라는 의미가 있어요. **장단 長短**은 '길고 짧음, 장점과 단점'이라는 뜻이랍니다.

> **단어** **장단 長短** 길 장, 짧을 단

其 罪 如 山
기 죄 여 산

無 罪
없을 무 허물 죄

유죄와 **무죄**는 재판 관련 기사에서 자주 볼 수 있는 단어죠? 죄가 없으면 **무죄** 無罪, 죄가 있으면 **유죄** 有罪라고 해요.

법 앞에 모든 사람이 평등해야 하는데, 돈이 많은 사람이 처벌을 받지 않거나 처벌의 정도가 가벼울 때, '**유전무죄** 有錢無罪, **무전유죄** 無錢有罪'라고 말하기도 해요. '돈이 있으면 죄가 없고, 돈이 없으면 죄가 있다'라는 의미예요.

> 단어 **유죄** 有罪 있을 유, 허물 죄 | **유전** 有錢 있을 유, 돈 전
> **무전** 無錢 없을 무, 돈 전

百 拜 謝 罪
일백 백 절 배 사례할 사 허물 죄

백배사죄 百拜謝罪는 '미안한 마음이 커서 여러 번 절하며 용서를 빈다'는 뜻이에요.
百(일백 백)은 숫자 100이라는 뜻 외에 '모든, 여럿'을 의미해요.
백발백중 百發百中은 '활이나 총을 백 번 쏘면 백 번 맞힌다'라는 뜻이에요. 中(중)은 가운데라는 뜻 외에 '맞히다, 적중하다'라는 의미로도 사용해요.

> 단어 **백발백중** 百發百中 일백 백, 쏠 발, 일백 백, 가운데 중

보기

일관 一貫
유일 唯一
일장일단 一長一短

① 오직 하나, 단 하나라는 의미

② 무언가를 할 때 처음부터 끝까지 한결같이 하는 것을 말함

③ '잘 하는 것 하나, 못 하는 것 하나', '장점도 있고 단점도 있다'라는 의미의 성어

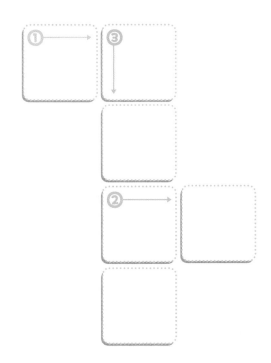

보기

사죄 謝罪
무죄 無罪
백배사죄 百拜謝罪

④ 죄가 없다

⑤ 잘못이나 저지른 죄에 대해 미안한 마음을 표시하며 용서를 구하는 것

⑥ 미안한 마음이 커서 여러 번(백 번) 절하며 용서를 빈다는 의미의 성어

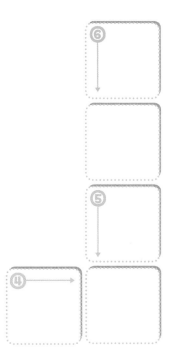

士 氣
선비 사   기운 기

의미

어떤 일을 이루어 내려는 기운

예문

• 우리들의 응원으로 선수들의 사기
  가 드높아졌다.

• 경기에서 연속해서 패한 뒤 선수들
  의 사기가 확 꺾였다.

詐 欺
속일 사   속일 기

의미

이익을 취하기 위해 다른 사람을 속임

예문

• 터무니 없이 물건을 너무 싸게 파는
  사람은 사기꾼일 가능성이 높다.

• 보이스피싱 사기로 수많은 사람들
  이 고통 속에 신음하고 있다.

아신능현 예급부모

我身能賢 譽及父母

내 몸이 어질 수 있으면, 명예가 부모님께 미친다.

오늘의 사자소학

我 身 能 賢　譽 及 父 母

나 **아**　몸 **신**　능할 **능**　어질 **현**　명예 **예**　미칠 **급**　아버지 **부**　어머니 **모**

내 몸이 어질 수 있으면,　　　　명예가 부모님께 미친다.

 생각해 보기

'어질다'는 것은 지혜롭고 착하며 너그러운 마음을 가지고 있는 것을 말해요. 내가 지혜롭고 착하게 행동하면 부모님께서 기뻐하실 뿐만 아니라 다른 사람이 나와 부모님을 칭찬하죠. 이와 반대로 내가 무엇인가를 잘못하면 나만 욕을 먹는 것이 아니라 부모님도 욕을 먹고 부끄러움을 당하실 수 있어요. 우리가 부모님의 얼굴인 셈이죠. 어질고 착한 나를 만들어가면 나도 부모님도 활짝 웃으실 수 있겠죠?

 사자소학 써보기

我	身	能	賢	譽	及	父	母
나 아	몸 신	능할 능	어질 현	명예 예	미칠 급	아버지 부	어머니 모
나 아	몸 신	능할 능	어질 현	명예 예	미칠 급	아버지 부	어머니 모

萬 能
일만 **만** 능할 **능**

萬(일만 만)은 **숫자 만**(10,000)을 나타낼 뿐만 아니라, **백배사죄 百拜謝罪**에서의 **百** (백)과 같이 '매우, 매우 많은, 여럿'을 의미해요.

만능 萬能은 '온갖 것을 다 잘할 수 있다'는 뜻이에요. **만물 萬物**은 '세상에 있는 모든 것'이라는 뜻이고, **만사 萬事**는 '모든 일, 만 가지 일'이라는 뜻이에요. **만물**과 **만사**의 **萬**(만)도 '많다'라는 의미로 사용되었어요.

단어 **만물 萬物** 일만 만, 물건 물 ㅣ **만사 萬事** 일만 만, 일 사

多 才 多 能
많을 **다** 재주 **재** 많을 **다** 능할 **능**

다재다능 多才多能은 '재주와 능력이 많다'는 뜻이에요. 사람은 모두 자기만 가지고 있는 고유의 재주와 능력이 있으니, 우리는 모두 **다재다능**한 사람이라고 할 수 있죠.

다재다능과 비슷한 형태의 성어로 '정이 많고 감정이 풍부함'을 나타내는 **다정다감 多情多感**이 있어요.

단어 **다정다감 多情多感** 많을 다, 뜻 정, 많을 다, 느낄 감

譽　及　父　母
예　급　부　모

波　及
물결 **파**　미칠 **급**

파급 波及은 '물결이 어느 곳에 미치다'라는 뜻으로, 어떠한 일이 다른 일에 서서히 영향을 끼치는 것을 말하죠.

波(물결 파)는 '바다에 이는 물결'인 **파도 波濤**, '높고 거센 파도를 막기 위해서 항구에 쌓은 둑'인 **방파제 防波堤**, '물결의 움직임, 어떤 현상이 퍼져 영향을 미친다'는 의미의 **파동 波動** 등에서도 사용해요.

> **단어**　**파도 波濤** 물결 파, 물결 도 │ **방파제 防波堤** 막을 방, 물결 파, 둑 제
> **파동 波動** 물결 파, 움직일 동

過　猶　不　及
지날 **과**　같을 **유**　아니 **불**　미칠 **급**

제자 자장과 자하 중 누가 더 뛰어나냐는 질문에 공자님은 '자장은 지나치고, 자하는 미치지 못하지. **과유불급**이다.'라고 하셨어요. **과유불급 過猶不及**은 '지나친 것은 다다르지 못한 것과 같다'는 뜻으로, '어느 쪽으로도 치우지지 않은 것이 중요하다'는 말이지요.

한편 **불광불급 不狂不及**이라는 말이 있는데, '어떤 일에 미치지 않으면 목표에 도달할 수 없다'라는 뜻이에요.

> **단어**　**불광불급 不狂不及** 아니 불, 미칠 광, 아니 불, 미칠 급

연습문제 문제가 설명하는 단어를 (보기)에서 찾아 빈 칸을 채워주세요.

보기

다재다능 多才多能
본능 本能
만능 萬能

① 온갖 것을 다 잘 할 수 있음

② 태어날 때부터 몸에 탑재된 능력,
처음부터 가지고 있던 능력

③ 재주와 능력이 많음을 나타내는
성어

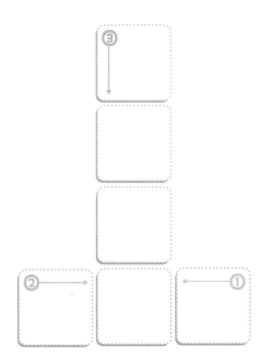

보기

보급 普及
과유불급 過猶不及
파급 波及

④ 널리 퍼뜨려서 많은 사람들에게
영향을 미침

⑤ 어떠한 일이 다른 일에 서서히 영
향을 끼침

⑥ 지나친 것은 다다르지 못한 것과
같다는 의미의 성어

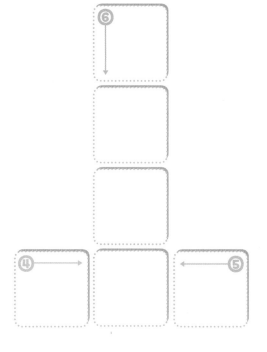

동음이의어 발음은 같지만 뜻이 다른 글자를 소개합니다.

香 水

향기 향 물 수

鄉 愁

시골 향 근심 수

의미

좋은 향이 나게 하려고 몸이나 옷에 뿌리는 화장품

의미

고향을 그리워하는 마음

예문

• 모든 사람이 **향수** 뿌리는 것을 좋아하는 것은 아니다.

• **향수**를 구매하는 소비자의 연령대가 점점 낮아지고 있다.

예문

• 많은 유학생들이 김치찌개를 먹으며 **향수**를 달랜다고 한다.

• **향수**병에 심하게 걸린 외국인 선수의 경기 성적이 눈에 띄게 하락했다.

비유선조 아신갈생

非有先祖 我身曷生

조상이 계시지 않으면, 내 몸이 어찌 생겨났겠는가?

오늘의 사자소학

非有先祖　我身曷生

아닐 **비**　있을 **유**　먼저 **선**　할아버지 **조**　　나 **아**　몸 **신**　어찌 **갈**　날 **생**

조상이 계시지 않으면,　　　　　　내 몸이 어찌 생겨났겠는가?

 생각해 보기

내가 이 땅에 존재하는 것은 부모님이 계시기 때문이죠. 부모님도 할머니, 할아버지가 계시기에 계실 수 있는 것이고요. 증조할머니, 증조할아버지, 더 올라가 고조할머니, 고조할아버지, 더 거슬러 올라가 우리의 조상님이 계시기에 지금의 내가 있을 수 있어요.

지금은 어리지만 우리도 언젠가는 우리 후손의 조상이 될 날이 오겠죠?

지금의 나를 있게 하신 조상님께 감사하는 하루가 되어보아요.

 사자소학 써보기

非	有	先	祖	我	身	曷	生
아닐 비	있을 유	먼저 선	할아버지 조	나 아	몸 신	어찌 갈	날 생
아닐 비	있을 유	먼저 선	할아버지 조	나 아	몸 신	어찌 갈	날 생

非 有 先 祖
비 유 선 조

非 常
아닐 **비** 항상 **상**

비상 非常을 한자로 풀어보면 '늘 그랬던 상태가 아니라는 뜻'으로, '뜻밖의 아주 급한 일, 긴급한 사태'를 말해요.

'급할 때 쓰려고 준비해둔 돈'은 **비상금 非常金**, '긴급한 일이 벌어졌을 때 쓰기 위해 마련한 먹을거리'는 **비상식량 食糧**, '위험한 일이 발생했을 때 빨리 나갈 수 있게 마련한 출입구'는 **비상구 非常口**라고 하지요.

 비상금 非常金 아닐 비, 항상 상, 쇠 금 | **식량 食糧** 먹을 식, 양식 량
비상구 非常口 아닐 비, 항상 상, 입 구

非 一 非 再
아닐 **비** 한 **일** 아닐 **비** 다시 **재**

비일비재 非一非再는 '한두 번도 아니고'라는 우리말 표현과 같은 성어로, 같은 일이 수없이 많이 일어나는 것을 말해요. **비일비재**와 비슷한 의미의 성어로는 **부지기수 不知其數**가 있어요. '너무 많아서 그 수를 알지 못한다'는 뜻이죠.

한자로 이루어진 단어를 한 글자씩 쪼개서 생각하면, 단어의 정확한 의미를 제대로 파악하게 되는 경우가 **비일비재**해요.

단어 **부지기수 不知其數** 아닐 부, 알 지, 그 기, 셈 수

我 身 曷 生
아　신　갈　생

生 家
날 생　집 가

'어떤 사람이 태어난 집'을 **생가 生家**라고 해요. 인물의 일대기를 쓴 책에는 고향은 어느 지역이고 **생가**가 어디에 있는지 나와있기도 해요.

'어머니의 집안'은 **외가 外家**라고 하고, '아버지의 집안'은 **친가 親家**라고 말해요. '아버지에게 여러분의 **외가**'는 **처가 妻家**인데, **처가**는 '아내의 집'이라는 뜻이에요.

> **단어** **외가 外家** 바깥 외, 집 가 ┃ **친가 親家** 어버이 친, 집 가
> **처가 妻家** 아내 처, 집 가

九 死 一 生
아홉 구　죽을 사　한 일　날 생

구사일생 九死一生은 '아홉은 죽고 하나는 살았다', '아홉 번 죽을 뻔하다 한 번 살아난다'라는 뜻으로, '수차례 죽을 고비를 넘기고 간신히 목숨을 건져 살아난다'는 의미예요. **구사일생**으로 살아난 사람이라면 **십중팔구** 남은 삶을 소중하게 여기며 감사한 마음으로 살 거예요. **십중팔구 十中八九**는 '열 가운에 여덟 아홉'이라는 말로 거의 대부분의 수 혹은 확률이 높음을 나타내요.

> **단어** **십중팔구 十中八九** 열 십, 가운데 중, 여덟 팔, 아홉 구

보기

시비 **是非**
비일비재 **非一非再**
비상 **非常**

① 뜻밖의 아주 급한 일, 긴급한 사태

② 옳고 그름, 잘잘못, 옳고 그름을 가리기 위해 하는 말다툼

③ 같은 일이 수없이 많은 것, 같은 현상이 아주 흔하게 일어남을 말하는 성어

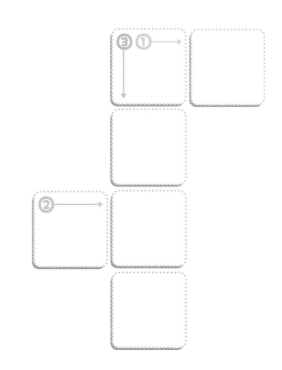

보기

선생 **先生**
구사일생 **九死一生**
생가 **生家**

④ 수차례 죽을 고비를 넘기고 간신히 목숨을 건져 살아난다는 의미의 성어

⑤ 어떤 사람이 태어난 집

⑥ 다른 사람을 가르치는 사람, 성이나 직업 뒤에 붙여 남을 높이는 말로 사용하는 단어

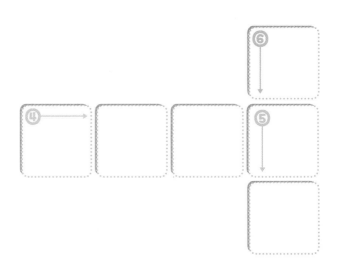

동음이의어 발음은 같지만 뜻이 다른 글자를 소개합니다.

飛 行
날 비   다닐 행

의미

하늘을 날아다니는 것

예문

• 장시간 비행으로 피로가 몰려왔다.

• 브라질까지 가는데 비행시간만 24
  시간이 넘는다.

非 行
아닐 비   행할 행

의미

도덕과 법규에 어긋나는 올바르지 않은
행동

예문

• 비행을 일삼던 소년이 개과천선 후
  다른 사람을 돕는 자원봉사자의 삶
  을 살기 시작했다.

• 경찰은 야간에 벌어지는 청소년의
  비행을 막기 위해 순찰을 강화하고
  있다.

02장

형제 · 자매와 나

부모님의 사랑을 나눠 가져야 해서 얄밉기도 한데
같이 있으면 재미있고, 좋고, 든든한 나의 형제자매.
옷 가지고 싸우고, 먹을 것 서로 먹겠다고 다투지만
없으면 허전하고 보고 싶은 나의 형제자매.
나의 형제자매와 어떻게 하면 잘 지낼 수 있을지
사자소학에서 함께 살펴봐요.

골 육 수 분 본 생 일 기

骨肉雖分 本生一氣

뼈와 살은 비록 나누어져 있지만, 본래 같은 기운에서 태어났다.

오늘의 사자소학

骨 肉 雖 分　 本 生 一 氣

뼈 **골**　고기 **육**　비록 **수**　나눌 **분**　　근본 **본**　날 **생**　한 **일**　기운 **기**

뼈와 살은 비록 나누어져 있지만,　　　본래 같은 기운에서 태어났다.

 생각해 보기

'골육수분, 본생일기'는 형제자매간의 관계에 대한 말이에요. 나와 형제자매는 다른 몸을 가졌지만, 부모님으로부터 같은 기운을 받아 태어난, 아주 가깝고 친밀한 사이지요. 같은 부모님 아래 태어나서 공통점도 많지만, 신기하게 다른 점도 참 많죠?

나와 형제자매의 공통점은 무엇인지 한번 생각해 볼까요? 형제자매가 없다고요? 그렇다면 부모님과 어떤 공통점을 가지고 있는지 생각해 보세요.

 사자소학 써보기

骨	肉	雖	分	本	生	一	氣
뼈 골	고기 육	비록 수	나눌 분	근본 본	날 생	한 일	기운 기
뼈 골	고기 육	비록 수	나눌 분	근본 본	날 생	한 일	기운 기

骨 肉 雖 （分）
골 육 수 　분

等 分
같을 **등**　나눌 **분**

덩어리 고기를 살 때 점원이 묻습니다. "고기를 몇 **등분**으로 잘라드릴까요?"

등분 等分은 '같은 크기나 개수로 나누는 것'을 말해요. 두 변의 길이가 같은 삼각형인 **이등변** 二等邊삼각형의 等(등)도 같다는 의미이죠.

평등 平等은 '권리나 의무 같은 것이 차별 없이 모든 사람에게 똑같다'는 뜻으로, **평등**에서의 等(등)은 '등급'을 의미해요.

> **단어** **이등변** 二等邊 두 이, 같을 등, 가장자리 변 | **평등** 平等 평평할 평, 같을 등

四 分 五 裂
넉 **사**　나눌 **분**　다섯 **오**　찢을 **열**

'넷으로 나뉘고 다섯으로 찢어진다'는 뜻의 성어인 **사분오열** 四分五裂은 '이리저리 갈기갈기 찢어졌다'는 의미예요. 의견이 하나로 모이지 못하고 하나로 뭉치지 못하는 상황을 말하죠. '모든 무리가 한마음 한뜻이 되어 단결하는 모습'을 말하는 성어인 **대동단결** 大同團結은 **사분오열**과 정반대 의미로 사용하는 성어입니다.

> **단어** **대동단결** 大同團結 큰 대, 같을 동, 모일 단, 맺을 결

향기 香氣를 한자로 풀어보면 '향긋한 기운'이란 의미예요. 좋은 냄새, 향기로운 냄새를 말하죠.

氣(기)에는 '기운, 힘, 공기, 날씨, 기체' 등 다양한 뜻이 있어요. **용기 勇氣**에서는 '기운'을, **기상 氣象**에서는 '날씨'를, **증기 蒸氣**에서는 '기체'를 의미해요.

> **단어** **용기 勇氣** 날랠 용, 기운 기 ｜ **기상 氣象** 공기 기, 모양 상
> **증기 蒸氣** 찔 증, 기체 기

氣 分
기운 **기**　나눌 **분**

기분 氣分은 기운을 상황이나 종류에 따라 나누는 것이에요. 우리의 **기분**은 '좋음'을 나타내는 **호 好**와 '좋지 않음'을 나타내는 **불호 不好**로만 나누어지는 것이 아니예요. 기쁘다, 흥분되다, 행복하다, 신나다, 화나다, 짜증나다, 슬프다 등 다양하게 표현할 수 있죠. 오늘 여러분의 기분은 어떤가요? 오늘 내 기분에 이름표를 달아보세요.

> **단어** **호 好** 좋을 호 ｜ **불호 不好** 아니 불, 좋을 호

보기

사분오열 四分五裂
등분 等分
분양 分讓

① 땅이나 건물을 나누어 파는 것, 혹은 전체를 여러 부분으로 나누어 여러 사람에게 나누어 주는 것

② 이리저리 갈기갈기 찢어졌다는 의미의 성어

③ 같은 크기나 개수로 나누는 것

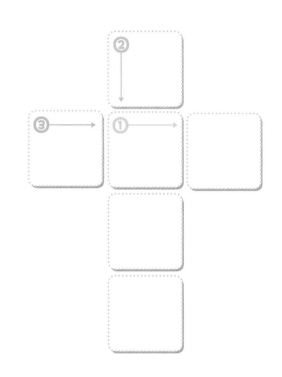

보기

기분 氣分
향기 香氣
기고만장 氣高萬丈

④ 어떤 일을 이루고 엄청나게 잘난 척을 한다는 뜻의 성어

⑤ 마음에 생기는 여러 가지 감정이나 느낌

⑥ 좋은 냄새, 향기로운 냄새

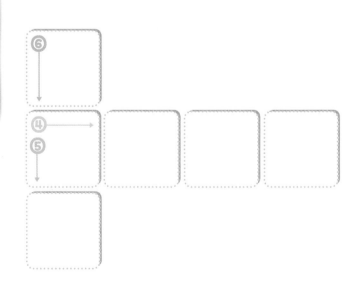

동음이의어 발음은 같지만 뜻이 다른 글자를 소개합니다.

待 機
기다릴 대 때 기

의미

때나 기회를 기다림

예문

• 밖에서 대기하고 있을 테니, 볼일 다 마치면 전화해.

• 이곳은 대기 장소가 아니니, 안내 해드린 곳에서 기다리시기 바랍니다.

大 氣
큰 대 공기 기

의미

지구를 둘러싸고 있는 공기

예문

• 우주 비행선이 대기권을 통과했다는 소식이 전해졌다.

• 대기 오염은 지구 온난화 현상의 주범이다.

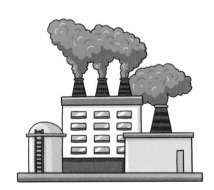

比之於木 同根異枝

비 지 어 목 동 근 이 지

이것(형제)을 나무에 비유하면, 뿌리는 같으나 가지는 다른 것이다.

오늘의 사자소학

比 之 於 木　同 根 異 枝

견줄 **비**　이것, 그것 **지**　어조사 **어**　나무 **목**　　같을 **동**　뿌리 **근**　다를 **이**　가지 **지**

이것(형제)을 나무에 비유하면,　　뿌리는 같으나 가지는 다른 것이다.

 생각해 보기

공자님, 부처님, 예수님은 사람들에게 비유로 설명하기를 좋아하셨어요. 속담 가운데도 비유의 방식을 이용한 것이 많죠.

'비지어목, 동근이지'는 형제를 같은 뿌리에서 나온 가지로 비유했어요. 사자소학의 또 다른 구절에서는 형제를 물로 비유했어요. 물줄기의 시작은 같지만, 다른 곳으로 흐르는 물로 말이죠. 물과 나무 말고 무엇에 형제를 비유할 수 있을지 여러분도 한번 생각해 볼까요?

 사자소학 써보기

比	之	於	木	同	根	異	枝
견줄 비	이것, 그것 지	어조사 어	나무 목	같을 동	뿌리 근	다를 이	가지 지
견줄 비	이것, 그것 지	어조사 어	나무 목	같을 동	뿌리 근	다를 이	가지 지

나무 **목** 손 **수**

手(수)는 '손, 재주, 솜씨, 수단' 등을 나타내며, 어떠한 일을 잘 하거나 어떠한 기능에 뛰어난 사람을 말하기도 해요. **목수** 木手는 '나무를 잘 다듬어 나무로 집이나 물건을 만드는 사람', **가수** 歌手는 '노래를 잘 해서 노래하는 것을 직업으로 가진 사람', **포수** 砲手는 '총을 쏴서 짐승을 잡는 사냥꾼', **사수** 射手는 '대포, 총, 활 등을 쏘는 사람'을 말해요.

> **단어** **가수** 歌手 노래 가, 손 수 ┃ **포수** 砲手 대포 포, 손 수
> **사수** 射手 쏠 사, 손 수

심을 **식** 나무 **목**

여러분은 **식목**일이 몇 월 며칠인지 아세요?

2006년 전까지만 해도 공휴일이라 모두가 4월 5일 **식목**일을 기억하고 있었죠. **식목** 植木 은 '나무를 심는다'는 뜻으로, **식수**라고도 해요. 마시는 물도 **식수**라고 하는데, '마시는 물'인 **식수** 食水와 '나무를 심는' **식수** 植樹는 한자가 다르죠. 길을 따라 심은 나무인 **가로수** 街路樹에 바로 樹(나무 **수**)가 쓰여요.

> **단어** **식수** 食水 먹을 식, 물 수 ┃ **식수** 植樹 심을 식, 나무 수
> **가로수** 街路樹 길 가, 길 로, 나무 수

同 根 異 枝
동 근 이 지

異 常
다를 **이** 항상 **상**

이상 異常은 '항상 그랬던 것과 다르다'는 뜻이에요. '정상적이지 않은 상태, 아는 것과 다른 상태를 말하는 것'이 바로 **이상**이죠.

'아무 문제 없이 제대로인 상태'는 **정상 正常**, '뜻밖의 아주 급한 일, 긴급한 사태'는 **비상 非常**이라고 해요.

異(이)는 다름을 나타내는 것이지, 틀림을 의미하는 것이 아니니 주의하세요.

단어 **정상 正常** 바를 정, 항상 상 ▎ **비상 非常** 아닐 비, 항상 상

異 口 同 聲
다를 **이** 입 **구** 같을 **동** 소리 **성**

이구동성 異口同聲은 '다른 입으로 한 가지 소리를 낸다'는 뜻으로, '많은 사람이 같은 의견을 제시하거나 같은 입장을 드러낸다'는 의미예요.

異(이)와 **同(동)**이 함께 들어간 또 다른 성어가 있어요. 바로 **동상이몽 同床異夢**으로 '같은 침대에서 자면서 다른 꿈을 꾼다는 뜻'이며, '겉으로는 같아 보이지만 서로 다른 의견을 가지고 있을 때' 사용해요.

단어 **동상이몽 同床異夢** 같을 동, 침상 상, 다를 이, 꿈 몽

보기

목수 木手
식목 植木
연목구어 緣木求魚

① 나무에 올라가 물고기를 구한다
는 뜻의 성어, 목적과 수단이 일
치하지 않아 이룰 수 없는 일을
하려고 함

② 나무를 심다

③ 나무를 잘 다듬어 나무로 집이나
물건을 만드는 사람

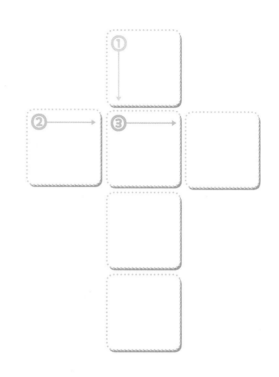

보기

이질 異質
이구동성 異口同聲
이상 異常

④ 정상적이지 않은 상태, 아는 것과
다른 상태

⑤ 다른 입으로 한 가지 소리를 낸다
는 뜻의 성어, 많은 사람이 같은
의견을 제시하거나 같은 입장을
드러낸다는 의미

⑥ 성질이 다름

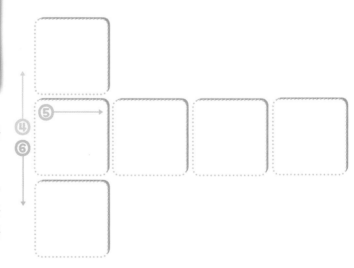

동음이의어 발음은 같지만 뜻이 다른 글자를 소개합니다.

以 上
써 이   윗 상

의미

수량 · 정도 · 수준이 일정한 기준을 넘어서는 것

예문

• 키가 110cm 이상 되면 놀이공원에서 탈 수 있는 놀이기구가 많다.

• 8세 이상의 어린이부터 공연을 관람할 수 있습니다.

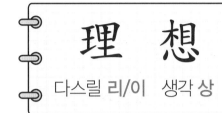

理 想
다스릴 리/이   생각 상

의미

생각해볼 수 있는 범위 안에서 가장 완전하고 훌륭한 상태

이루고자 하는 최고의 목표

예문

• 가장 이상적인 상황은 우리 둘 다 반 대표로 뽑히는 거야.

• 너는 언제나 꿈과 이상을 향해 열심히 노력하는구나.

18강

제 무 음 식 형 필 여 지

弟 無 飲 食 兄 必 與 之

동생이 먹을 것이 없으면, 형이 그것을 반드시 주어라.

오늘의 사자소학

弟 無 飲 食　　兄 必 與 之

아우 **제**　없을 **무**　마실 **음**　먹을 **식**　　형 **형**　반드시 **필**　줄 **여**　이것, 그것 **지**

동생이 먹을 것이 없으면,　　　　형이 그것을 반드시 주어라.

 생각해 보기

형제는 형과 남동생을 나타낼 뿐만 아니라 자매, 남매 사이를 모두 아우르는 말입니다. 피는 물보다 진하다는 말이 있죠? 가족 간의 정이 깊다는 의미예요.

옛 어른들은 부모님을 공경하는 것뿐만 아니라 형제들이 서로 아끼고 사랑하는 것을 매우 중요하게 여기셨어요. 가족을 아끼고 사랑하는 것은 현대에도 여전히 중요한 가치이죠. 싸울 때는 두 번 다시 보고 싶지 않기도 하지만, 형제끼리 서로 나누고 함께 할 수 있는 것은 큰 복이랍니다.

 사자소학 써보기

弟	無	飲	食	兄	必	與	之
아우 제	없을 무	마실 음	먹을 식	형 형	반드시 필	줄 여	이것, 그것 지
아우 제	없을 무	마실 음	먹을 식	형 형	반드시 필	줄 여	이것, 그것 지

弟 無 飲 食
제 무 음 식

無 鹽
없을 무 소금 염

염전 鹽田은 '소금을 만들기 위해서 바닷물을 끌어들여 밭처럼 만든 곳'이에요.
'음식에 소금이 들어가지 않은 것'은 **무염 無鹽**, '소금이 조금 들어간 것'은 **저염 低鹽**이라
고 해요. 버터 중에는 무염버터 말고도 가염버터가 있어요. **加**(더할 가)를 써서 **가염 加鹽**
이라고 하면 '소금을 넣었다'는 의미가 돼요.

 염전 鹽田 소금 염, 밭 전 | **저염 低鹽** 낮을 저, 소금 염
가염 加鹽 더할 가, 소금 염

無 窮 無 盡
없을 무 다할 궁 없을 무 다할 진

무궁 無窮은 '공간이나 시간 따위가 끝이 없음', **무진 無盡**은 '다함이 없음'을 나타내요.
무궁무진은 '헤아릴 수 없이 많거나 끝이 없다는 의미'의 성어예요. '한도 끝도 없다'고 표현
하고 싶을 때 사용할 수 있어요.
우리나라를 상징하는 꽃이며, 애국가에 나오는 **무궁화 無窮花**에도 '공간이나 시간 따위가
끝이 없음'을 나타내는 **무궁**이 들어가네요.

단어 **무궁화 無窮花** 없을 무, 다할 궁, 꽃 화

兄 必 與 之
형 필 여 지

參 與
참여할 참 　 더불 여

참여 參與는 '어떤 일에 끼어서 함께 한다'는 의미예요. **참여**와 비슷한 단어로는 **참석**과 **참가**가 있어요. **참석 參席**은 '어떠한 모임이나 행사에 출석한다는 의미'이고 **참가 參加**는 '어떠한 일이나 모임에 관여하고 개입하는 것'을 말해요.

내가 좋아하는 분야의 일을 적극적으로 찾아보고 관련된 활동에 **참여**해보는 것은 나의 진로를 찾아가는 좋은 방법 중 하나예요.

> **단어** **참석 參席** 참여할 참, 자리 석 | **참가 參加** 참여할 참, 더할 가

授 與
줄 수 　 줄 여

아침 조회 때 상장 **수여**식을 본 적이 있죠? **수여 授與**란 '증서 · 상장 · 훈장 등을 주다'라는 뜻으로, **수여**의 與(여)는 '주다'라는 의미로 쓰였어요.

'빌려준다'는 뜻인 **대여 貸與**, '대가를 받지 않고 재산을 다른 사람에게 준다'는 의미의 **증여 贈與**에서 사용한 與(여)도 '주다'라는 의미입니다.

> **단어** **대여 貸與** 빌릴 대, 줄 여 | **증여 贈與** 줄 증, 줄 여

보기

무궁무진 無窮無盡
무염 無鹽
무색 無色

① 소금이 들어가지 않음

② 색이 없음. 창피하고 쑥스러워서 부끄럽거나, 훨씬 더 뛰어난 것 때문에 특색을 나타내지 못하는 상황

③ 헤아릴 수 없이 많거나 끝이 없다는 의미의 성어

보기

수여 授與
참여 參與
여민동락 與民同樂

④ 어떤 일에 끼어서 관계함

⑤ 백성과 더불어 즐거움을 함께 한다는 의미의 성어

⑥ 증서, 상장, 훈장 등을 줌

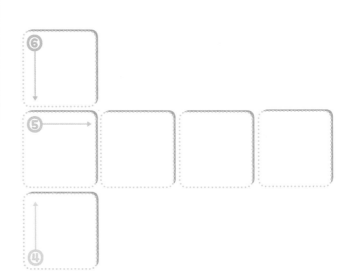

盛 大

성할 성   큰 대

聲 帶

소리 성   띠 대

의미

행사나 의식이 규모가 크고 풍성하며 화려함

의미

목구멍 안에 있는 목소리를 내는 기관의 이름

예문

• 주최측은 벚꽃축제 개막식 행사를 **성대**하게 개최했다.

• 10년 만에 태어난 아기의 돌잔치를 마을 어르신들께서 **성대**하게 열어 주셨다.

예문

• 고함을 지르면 **성대**에 무리가 갈 수 있다.

• 내가 좋아하는 가수는 **성대**결절로 당분간 노래를 부르는 것이 어렵게 됐다.

19강

일 배 지 수 필 분 이 음
一杯之水 必分而飮

물 한 잔도 반드시 나누어서 마셔라.

오늘의 사자소학

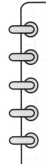

一 杯 之 水   必 分 而 飮

한 **일**   잔 **배**   어조사 **지**   물 **수**   반드시 **필**   나눌 **분**   말 이을 **이**   마실 **음**

물 한 잔도   반드시 나누어서 마셔라.

 생각해 보기

오늘의 사자소학은 '콩 한 쪽도 나누어 먹으라'는 속담을 생각나게 해요. 형제간에 물 한 잔도 나누어 마실 수 있는 우애와 사랑이 있다면, 세상 살면서 무서울 것이 없겠죠.

남들이 부러워하는 대학에 합격하고, 좋은 직업을 갖고, 돈을 많이 버는 것만이 성공이 아니에요. 나로 인해 누군가가 오늘 웃었다면, 나로 인해 누군가가 행복했다면, 이것이 바로 성공이 아닐까요? 가족과 함께 물 한 잔도 나누어 마시며 서로에게 행복을 전하는, 성공하는 하루가 되어보아요.

 사자소학 써보기

一	杯	之	水	必	分	而	飮
한 일	잔 배	어조사 지	물 수	반드시 필	나눌 분	말 이을 이	마실 음
한 일	잔 배	어조사 지	물 수	반드시 필	나눌 분	말 이을 이	마실 음

一 杯 之 水
일 배 지 수

水 壓
물 수   누를 압

압력은 '누르는 힘'이라는 뜻이에요. '물의 무게로 누르는 힘'은 **수압** 水壓, '피가 누르는 힘'은 **혈압** 血壓 이라고 해요.

'강력한 힘이나 뛰어난 능력으로 다른 사람을 꼼짝 못하게 눌러버린다'는 의미의 **압도** 壓倒, '많은 책이나 작품 중에서 가장 잘된 것, 또는 많은 것 중에 가장 뛰어난 것'이라는 의미의 **압권** 壓卷에도 壓(누를 압)을 사용해요.

> **단어**
> **혈압** 血壓 피 혈, 누를 압 ｜ **압도** 壓倒 누를 압, 넘어질 도
> **압권** 壓卷 누를 압, 책 권

水 魚 之 交
물 수   물고기 어   어조사 지   사귈 교

수어지교 水魚之交는 '물과 물고기의 사귐'이라는 뜻으로, '친구 사이의 깊은 우정을 물과 물을 떠나서 살 수 없는 물고기'에 빗대어 표현한 성어예요.

옛날 중국에 살았던 인물인 관중과 포숙아의 깊은 사귐을 나타내는 **관포지교** 管鮑之交, '나를 알아주는 친구'라는 뜻의 **지기** 知己도 친구 간의 진한 우정을 나타내는 성어예요.

> **단어**
> **관포지교** 管鮑之交 대롱 관, 절인 물고기 포, 어조사 지, 사귈 교
> **지기** 知己 알 지, 자기 기

必 分 而 飲
필　분　이　음

必 要
반드시 **필**　요긴할 **요**

필요 必要는 '반드시 있어야 하는 것, 반드시 요구되는 것'이라는 뜻이에요. 요긴하다는 것은 꼭 필요하고 중요하다는 의미이죠. 要(요긴할 요)는 '필요하다, 중요하다, 원하다, 요약하다' 등의 의미를 나타내요.

'귀중하고 소중함'을 뜻하는 **중요 重要**, '필요해서 달라고 청한다'는 뜻의 **요구 要求**, '주의가 필요하다'는 뜻의 **요주의 要注意**에도 要(요긴할 요)가 쓰여요.

> **단어**　**중요 重要** 무거울 중, 요긴할 요 ┃ **요구 要求** 요긴할 요, 구할 구
> **요주의 要注意** 요긴할 요, 부을 주, 뜻 의

必 死 卽 生
반드시 **필**　죽을 **사**　곧 **즉**　날 **생**

필사즉생 必死卽生은 '반드시 죽고자 하면 산다'는 뜻으로, 뒤에 '반드시 살고자 하면 죽는다'는 뜻의 **필생즉사 必生卽死**와 함께 쓰이기도 해요. 이 여덟 자는 이순신 장군의 **좌우명**으로 잘 알려져 있지요. **좌우명 座右銘**은 '늘 옆에 두고 가르침으로 삼아서 스스로를 경계하는 말'이에요. 여러분의 **좌우명**은 무엇인가요?

> **단어**　**필생즉사 必生卽死** 반드시 필, 살 생, 곧 즉, 죽을 사
> **좌우명 座右銘** 자리 좌, 오른 우, 새길 명

보기

수어지교 水魚之交
수압 水壓
누수 漏水

① 물의 무게로 누르는 힘

② 물이 새는 것, 또는 새어 내리는 물

③ 물과 물고기의 사귐, 친구 사이의
깊은 우정을 표현한 성어

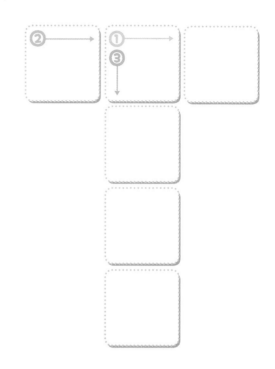

보기

필요 必要
필사즉생 必死卽生
필승 必勝

④ 반드시 이기는 것

⑤ 반드시 죽고자 하면 산다는 의미
의 성어

⑥ 반드시 있어야 하는 것

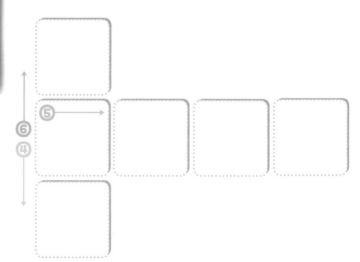

水 深
물 수   깊을 심

의미

물의 깊이

예문

• 그는 물에 빠지자 당황해서 **수심**이 낮은 줄도 모르고 허우적댔다.

• **수심**이 깊어 보이지 않아도 냇가에서 물놀이 할 때는 늘 조심해야 한다.

愁 心
근심 수   마음 심

의미

매우 걱정함, 매우 걱정하는 마음

예문

• 그는 아니라고 하지만, 누가 봐도 얼굴에 **수심**이 한가득이다.

• 연일 치솟는 원두 가격 때문에 카페 사장님의 **수심**이 깊어지고 있다.

형제유난 민이사구
兄弟有難 悶而思救

형제가 어려움이 있으면, 걱정하고 구해줄 것을 생각하라.

오늘의 사자소학

兄 弟 有 難　悶 而 思 救

형 **형**　아우 **제**　있을 **유**　어려울 **난**　　번민할 **민**　말 이을 **이**　생각 **사**　구원할 **구**

형제가 어려움이 있으면,　　　　걱정하고 구해줄 것을 생각하라.

 생각해 보기

형제나 가족이 어려움에 처했을 때, 나와 가까운 친척이나 친구에게 어려움이
생겼을 때 나는 어떻게 해야 할까요?

사람들은 어려움이 생기면 타인에게 자신의 마음을 이야기하기도 해요. 해결책
을 물어보려고 이야기하기도 하지만, 지지와 격려가 필요해서 이야기하는 경우
가 많다고 하죠.

나와 가까운 사람에게 어려움이 생겼을 때, 걱정해 주고 응원해 주며 또 필요할
때는 해결 방법도 같이 찾아보면 어떨까요?

 사자소학 써보기

兄	弟	有	難	悶	而	思	救
형 형	아우 제	있을 유	어려울 난	번민할 민	말 이을 이	생각 사	구원할 구
형 형	아우 제	있을 유	어려울 난	번민할 민	말 이을 이	생각 사	구원할 구

兄 弟 有 (難)
형 제 유 난

災 難
재앙 **재** 어려울 **난**

재난 災難은 '뜻밖에 일어난 불행한 일이나 고난'을 뜻해요. 홍수, 지진, 화산 폭발 등의 자연재해와 교통사고, 화재, 가스 폭발 등의 사고가 **재난**의 원인이 되지요. **홍수** 洪水는 '개천의 물이 불어나는 것', **지진** 地震은 '땅이 흔들리는 일'이라는 의미예요. 災(재앙 **재**)는 川(내 **천**)과 火(불 **화**)가 결합된 형태로, 물과 불이 재앙의 시작이라는 것을 한자에서도 알 수 있어요.

단어 **홍수** 洪水 넓을 홍, 물 수 | **지진** 地震 땅 지, 흔들릴 진

難 航
어려울 **난** 건널 **항**

난항 難航이란 '비행기나 배가 기상 악화 등의 이유로 어려움을 겪으며 목적지를 향해 가는 것'을 말해요. 어떤 일이 온갖 어려움으로 순조롭게 진행되지 않는 것을 비유해서 쓰는 말이기도 해요.
航(항)은 '배, 건너다, 날다' 등의 의미로 사용해요. '배가 다니는 바닷길이나 항공기가 다니는 하늘길'은 **항로** 航路라고 하고, '배가 바다 위를 다니는 것'은 **항해** 航海라고 해요.

단어 **항로** 航路 배 항, 길 로 | **항해** 航海 건널 항, 바다 해

問 而 思 救
민 이 사 구

意 思
뜻 의 생각 사

의사 意思는 '어떤 것을 하고자 하는 생각'을 말하죠. '**의사**를 표현하다', '구입 **의사**가 없다', '사과를 받아들일 **의사**가 있다' 등으로 사용할 수 있어요.

의사도 여러 가지 의미를 나타낼 수 있는 단어예요. '병을 진료하고 치료하는 직업'을 나타내는 **의사 醫師**, '안중근 **의사**처럼 나라와 민족을 위해 싸우다가 돌아가신 분'을 나타내는 **의사 義士**가 있어요.

단어 **의사 醫師** 의원 의, 스승 사 ｜ **의사 義士** 옳을 의, 선비 사

不 可 思 議
아니 불 가할 가 생각 사 의논할 의

불가사의 不可思議란 '보통 사람의 생각으로는 알 수 없는 이상한 일, 신기한 일'을 말해요. 이집트의 피라미드, 중국의 만리장성, 로마의 피사의 사탑, 우리나라의 고인돌, 불국사의 석굴암, 해인사의 팔만대장경 등은 **불가사의**한 문화**유산**이에요.

유산 遺産이란 '죽은 사람이 남겨둔 재산' 혹은 '조상이 후세에 남겨준 물건'이나 '문화재'를 말해요.

단어 **유산 遺産** 남길 유, 재물 산

연습문제　　문제가 설명하는 단어를 (보기)에서 찾아 빈 칸을 채워주세요.

보기

재난 災難
난형난제 難兄難弟
난항 難航

① 비행기나 배가 기상 악화 등의 이유로 목적지에 어려움을 겪으며 가는 것

② 뜻밖에 일어난 불행한 일이나 괴로움과 어려움

③ 누가 형이고 누가 아우인지 가리기 어려움, 누가 더 뛰어난지 우열을 가릴 수 없을 만큼 비슷하다는 의미의 성어

보기

불가사의 不可思議
사모 思慕
의사 意思

④ 어떤 것을 하고자 하는 생각

⑤ 마음 속으로 어떤 사람을 사랑하고 깊이 존경하는 것

⑥ 보통 사람의 생각으로는 알 수 없는 이상한 일, 신기한 일을 말하는 성어

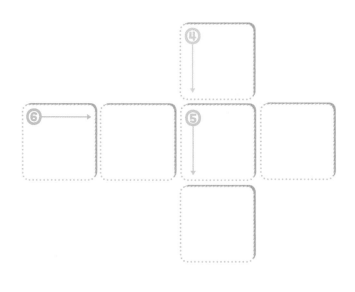

동음이의어 발음은 같지만 뜻이 다른 글자를 소개합니다.

救 助
구원할 구   도울 조

의미

곤란한 처지에 빠진 대상을 구함

예문

• 해양경찰의 **구조**를 기다리며 그들은 부유물을 잡고 침착하게 물에 떠 있었다.

• 피해자의 **구조** 신호를 놓치지 않고 경찰은 곧바로 출동했다.

構 造
얽을 구   지을 조

의미

부분이 모여서 만든 짜임새

예문

• 무너진 건물에 갇힌 사람들을 **구조**(救助)하기 위해, 소방대원들은 건물 **구조**(構造)를 빠르게 파악했다.

• 복잡한 **구조**를 가진 가전제품은 단순한 구조를 가진 것보다 고장 나기가 쉽다.

21강

아 유 환 락 형 제 역 락
我 有 歡 樂 兄 弟 亦 樂

나에게 기쁨과 즐거움이 있으면, 형제 또한 즐겁다.

我 有 歡 樂
아 유 환 락

有 名
있을 유 이름 명

유명 有名은 '이름이 널리 알려졌다'는 뜻이며, 비슷한 의미의 단어로는 **저명 著名**이 있어요. 반대말은 '이름이 널리 알려지지 않았다'는 뜻의 단어 **무명 無名**이에요.

名(이름 명)은 夕(저녁 석)과 口(입 구)가 결합된 글자예요. 밤이 되면 달빛으로 겨우 사람을 식별할 수 있었던 옛날에, 누구인지 알기 위해 이름을 불렀다는 것이 **名**(이름 명)의 유래입니다.

> **단어** **저명 著名** 나타날 저, 이름 명 | **무명 無名** 없을 무, 이름 명

有 備 無 患
있을 유 갖출 비 없을 무 근심 환

유비무환 有備無患은 '준비를 하면 근심이 없다'는 의미의 성어입니다. 평소에 미리 **대비**하고 있으면 어려움이 생기지 않을 수도 있고, 문제가 생기더라도 해결하는데 힘이 덜 들 수 있을 거예요. **대비 對備**는 '앞 일을 미리 헤아려 준비한다'는 뜻이에요. 잠들기 전에 다음날 해야 할 일을 생각만 해도, 자는 동안 우리 뇌가 내일을 준비한다고 해요. 오늘 밤부터 뇌를 준비시켜 볼까요?

> **단어** **대비 對備** 대할 대, 갖출 비

兄 弟 亦 樂
형 제 역 락

快 樂
쾌할 **쾌**   즐거울 **락**

발음조차 신나는 **쾌락 快樂**은 '유쾌하고 즐거운 느낌'을 나타내는 단어예요.
快(쾌)는 '즐겁다, 유쾌하다'라는 뜻 외에도 '신나다, 빠르다' 등의 의미로도 사용해요.
전기밥솥에는 밥이 빠르게 완성되는 **쾌속 快速** 취사 버튼이 있기도 하고, 아픈 사람들에게
빨리 낫기를 빌며 '**쾌유 快癒**를 기원합니다'라고 말하기도 해요.

단어   **쾌속 快速** 쾌할 쾌, 빠를 속 ┃ **쾌유 快癒** 쾌할 쾌, 병 나을 유

樂 園
즐거울 **락/낙**   동산 **원**

우리는 매일 기쁨과 즐거움만 있기 바라지만, 인생은 **희로애락**이 늘 교차해요. **희로애락 喜**
怒哀樂은 '사람이 느끼는 다양한 감정 중 기쁨, 노여움, 슬픔, 즐거움'을 말하는 단어예요.
낙원 樂園은 '고통, 아픔, 슬픔이 없는, 몸과 마음이 편한 즐거운 곳'이라는 뜻이에요. **낙원**
을 파라다이스, 천국, 무릉도원 등으로 말하기도 합니다. 지금 여러분이 있는 그곳이 최고의
낙원이길 바라요.

단어   **희로애락 喜怒哀樂** 기쁠 희, 성낼 로, 슬플 애, 즐거울 락

보기

유비무환 有備無患
유명 有名
소유 所有

① 이름이 널리 알려져 있음

② 있는 것, 가지고 있는 물건

③ 준비를 하면 근심이 없다는 의미
의 성어

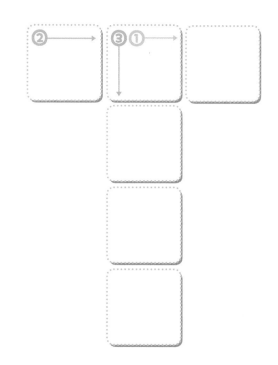

보기

낙원 樂園
쾌락 快樂
안빈낙도 安貧樂道

④ 유쾌하고 즐거운 느낌

⑤ 고통, 아픔, 슬픔이 없는, 몸과 마
음이 편한 즐거운 곳

⑥ 가난한 것을 편하게 여기고 도를
즐김, 가난하게 사는 것을 불편하
게 생각하지 않고 즐거운 마음으
로 살아간다는 뜻의 성어

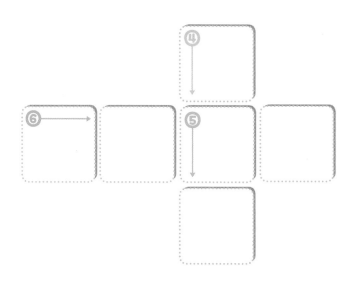

동음이의어 발음은 같지만 뜻이 다른 글자를 소개합니다.

所 願
바 소   원할 원

의미

어떤 일이 이루어지기를 바람

예문

• 우리의 **소원**은 미세먼지 없는 봄을 맞이하는 것이다.

• 갖고 싶은 물건이 없다고 **소원**도 없는 것은 아니다.

疏 遠
성길 소   멀 원

의미

사이가 멀어져서 관계가 서먹함

예문

• 친구가 비록 먼 곳으로 이사했지만 매일 SNS로 연락해서 관계가 **소원**해질 걱정이 없다.

• 두 국가의 정상은 **소원**해진 양국의 관계를 회복하기 위해 다음 달 정상 회담을 갖기로 했다.

22강

형 제 화 목 부 모 희 지

兄弟和睦 父母喜之

형제가 화목하면, 부모님께서 (그것을) 기뻐하신다.

오늘의 사자소학

兄 弟 和 睦 父 母 喜 之

형 **형** 아우 **제** 화할 **화** 화목할 **목**   아버지 **부** 어머니 **모** 기쁠 **희** 이것, 그것 **지**

형제가 화목하면,   부모님께서 (그것을) 기뻐하신다.

 생각해 보기

성경, 불경, 유교 경전에는 우리가 애쓰지 않으면 이룰 수 없는, 힘써서 행해야 해낼 수 있는 일들이 담겨 있어요. 성경에는 항상 기뻐하라고 나와 있고, 불경에는 원한을 오래 품지 말고 성내는 마음에도 머무르지 말라고 되어있어요. 항상 기뻐하기 힘들고, 화내고 성내는 것이 더 쉽기 때문에 성인들께서 말씀하신 거예요. 형제들 사이가 좋은 것이 당연한 가정도 있지만, 화목한 것이 쉽지 않은 일이기도 하죠. 부모님께 할 수 있는 어렵고도 쉬운 효도는 바로 형제와 싸우지 않고 잘 지내는 것이에요.

 사자소학 써보기

兄	弟	和	睦	父	母	喜	之
형 형	아우 제	화할 화	화목할 목	아버지 부	어머니 모	기쁠 희	이것, 그것 지
형 형	아우 제	화할 화	화목할 목	아버지 부	어머니 모	기쁠 희	이것, 그것 지

兄 弟 和 睦
형 제 화 목

和 音
화할 **화** 소리 **음**

'높이가 다른 여러 음이 함께 어우러져서 나는 소리'를 **화음 和音**이라고 해요. '혼자 노래를 부르는' **독창 獨唱**에서는 **화음**을 맛볼 수 없죠. 중창과 합창을 들을 때 **화음**이 잘 맞으면 전율이 느껴지기도 해요. **중창 重唱**은 '두 사람 이상이 **화음**을 이루어 노래를 부르는 것'이고, **합창 合唱**은 '여러 사람이 함께 노래 부르는 것'이에요.

 독창 獨唱 홀로 독, 부를 창 ┃ **중창 重唱** 겹칠 중, 부를 창
합창 合唱 합할 합, 부를 창

平 和
평평할 **평** 화할 **화**

平(**평**)은 글자가 만들어졌을 당시 '악기의 소리가 부드럽고 완만한 것'을 나타냈는데, 나중에 '울퉁불퉁 하지 않고 평평하다, 평온하다, 화목하다'라는 의미까지 확장되었어요.
평화 平和는 '사람 사이, 국가 사이에 싸움이 없고 평온한 상태, 마음이 평온한 상태'를 말해요. **평화**를 위해서 개인 간에 또 국가 간에 **화합**이 필요해요. **화합 和合**은 '서로 사이좋게 잘 어울리는 것'을 말해요.

단어 **화합 和合** 화할 화, 합할 합

父 母 喜 之
부 모 희 지

喜 劇
기쁠 **희**   연극 **극**

연극 演劇은 '배우가 무대에 올라 동작 · 말 · 표정으로 관객에게 이야기를 전하는 예술'이에요. **연극**은 결말이 행복한지 그렇지 않은지에 따라서 **희극**과 **비극**으로 나눌 수 있어요.

희극 喜劇은 '보는 사람에게 재미와 즐거움을 주는 **연극**'이란 뜻이고, '재미있는 일이나 사건'을 말하기도 해요. **비극** 悲劇은 '슬프게 끝나는 **연극**'을 말하며, '슬프고 끔찍한 일'을 의미하기도 해요.

단어   **연극** 演劇 펼 연, 연극 극 ǀ **비극** 悲劇 슬플 비, 연극 극

一 喜 一 悲
한 **일**   기쁠 **희**   한 **일**   슬플 **비**

일희일비 一喜一悲는 '기뻐했다 슬퍼했다 하는 모습'으로, 상황에 따라서 기분과 감정이 급격하게 변함을 의미해요. 우리의 삶은 **새옹지마**이니, **일희일비**하지 말기로 해요.

새옹지마 塞翁之馬는 '변방 사는 노인의 말'이라는 뜻의 성어인데, '복이라고 생각한 일이 불행을 가져오기도 하고, 불행한 일이라고 생각한 일이 복을 불러오기도 한다'는 의미예요.

단어   **새옹지마** 塞翁之馬 변방 새, 늙은이 옹, 어조사 지, 말 마

보기

화음 和音
가화만사성 家和萬事成
평화 平和

① 사람 사이, 국가 사이에 싸움이 없고 평온한 상태, 마음이 평온한 상태

② 높이가 다른 여러 음이 함께 어우러져서 나는 소리

③ 집안이 화목하면 모든 일이 잘 된다는 의미의 성어

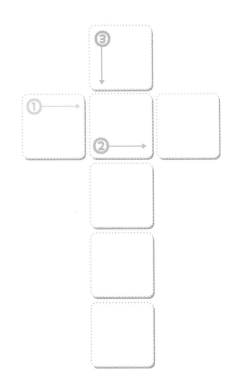

보기

일희일비 一喜一悲
희극 喜劇
희수 喜壽

④ 보는 사람에게 재미와 즐거움을 주는 연극

⑤ 기뻐했다 슬퍼했다 하는 모습으로 상황에 따라서 기분과 감정이 급격하게 변함을 나타내는 성어

⑥ 77세를 표현하는 단어

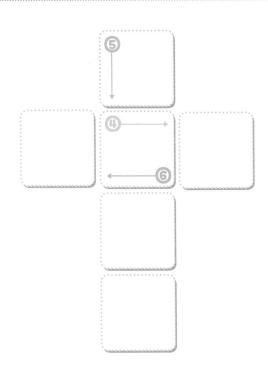

동음이의어 발음은 같지만 뜻이 다른 글자를 소개합니다.

造 花
지을 조   꽃 화

의미

생화가 아닌 사람이 만든 꽃

예문

• 꽃의 향기를 맡고 나서야 **조화**인 줄 알았다.

• 생화의 가격 상승으로 **조화**의 소비가 증가하고 있다.

調 和
고를 조   화할 화

의미

서로 잘 어울림

예문

• 어린이 합창단의 **조화**로운 화음이 모두의 마음을 울렸다.

• 동양의 재료와 서양의 맛이 **조화**를 이루어 최고의 음식을 만들어 냈다.

2장. 형제 · 자매와 나   153

03장

다른 사람과 나

무인도에서 혼자 사는 것이 아니라면

집 밖을 나서기만 해도 누군가와 만나게 될 거예요.

다른 사람과 함께 살아가는 것은 쉽지 않은 일이에요.

어떤 마음가짐으로 다른 사람을 대해야 할지

사자소학에서 함께 살펴봐요.

23강

사 사 여 친 필 공 필 경
事師如親 必恭必敬

선생님 섬기기를 부모님께 하듯 하고, 반드시 공손하고 반드시 공경하라.

호진이 어머님, 호진이가 정말 얼마나 공손하게 잘 하는지 부모님께 하듯이 저에게 하나 봐요.

호진이가 요즘 사춘기가 와서 걱정했는데, 선생님께 공손하다니 다행이에요.

네, 선생님. 또 전화 드릴게요. 감사합니다.

엄마, 형 선생님이세요?

오빠가 선생님께는 공손하다고요?

그러게...

헐~~~

호진이, 왔니?

저벅 저벅

휘리릭!

어머!

출입금지

쾅!

엄마, 형은 **사사여친, 필공필경**이 아니라 사친여사, 필공필경 해야겠어요.

선생님께 하는 것만큼만 엄마, 아빠께 하면 될 텐데, 우리 오빠.

후우~

오늘의 사자소학

事 師 如 親　　必 恭 必 敬

일 **사**　스승 **사**　같을 **여**　어버이 **친**　　반드시 **필**　공손할 **공**　반드시 **필**　공경 **경**

선생님 섬기기를 부모님께 하듯 하고,　　반드시 공손하고 반드시 공경하라.

 ## 생각해 보기

　'사사여친, 필공필경'은 부모님 말씀을 귀 기울여 듣고 부모님께 공손하게 하는 것처럼 선생님께 하라는 말이에요. 그렇다면 우리는 먼저 부모님께 잘 하고 있는지 살펴봐야겠네요. 학교나 학원에서 긴장하고 지내던 마음이 집에 와서 풀어지면, 가장 편한 사람인 부모님과 가족에게 함부로 하기 쉬워요. 나를 잘 이해해 주고 편하게 해주는 가족을 가장 아끼고 사랑해야 하는데 그게 참 쉽지 않네요. 그렇다면 선생님께 하듯, 친구들에게 하듯 예를 갖춰서 우리 가족을 대해보면 어떨까요?

 ## 사자소학 써보기

事	師	如	親	必	恭	必	敬
일 사	스승 사	같을 여	어버이 친	반드시 필	공손할 공	반드시 필	공경 경
일 사	스승 사	같을 여	어버이 친	반드시 필	공손할 공	반드시 필	공경 경

事 師 如 親
사   사 여 친

事 前
일 **사**   앞 **전**

사전 事前은 '일을 시작하기 전, 일이 일어나기 전'이라는 뜻의 단어입니다. 前(앞 전) 대신 後(뒤 후)를 써서 **사후** 事後라고 하면 '일이 벌어진 후, 일을 끝낸 후'라는 의미가 돼요. '사후 대책을 마련하다, 사후 관리' 등으로 자주 사용하죠. 事(일 사) 대신 死(죽을 사)를 쓴 **사후** 死後는 '죽고 난 후'를 의미해요.

> 단어 **사후** 事後 일 사, 뒤 후 │ **사후** 死後 죽을 사, 뒤 후

盡 人 事 待 天 命
다할 **진** 사람 **인** 일 **사** 기다릴 **대** 하늘 **천** 목숨 **명**

진인사대천명 盡人事待天命은 '사람이 자신이 할 수 있는 노력을 다 해 일하고, 하늘의 명(뜻)을 기다린다'는 의미의 성어예요. '하늘은 스스로 돕는 자를 돕는다'는 속담과 일맥상통해요. **일맥상통** 一脈相通은 '하나의 줄기가 서로 통한다'는 뜻으로 상태나 성질이 서로 비슷한 것을 말해요.

> 단어 **일맥상통** 一脈相通 한 일, 줄기 맥, 서로 상, 통할 통

必 恭 必 敬
필 공 필 경

敬 老
공경 **경** 늙을 **로**

경로 敬老는 '노인을 공경하는 것'을 말해요. 10여 년 전만 해도 버스나 지하철을 타면 **경로 우대석**이 있었어요. **우대석** 優待席은 '특별한 대우가 필요한 사람을 위해 마련한 자리'를 말해요. 우리나라는 예로부터 '노인을 공경하고 부모님께 효도하라'는 **경로효친** 敬老孝親을 중요하게 여겼어요.

> **단어** **우대석** 優待席 넉넉할 우, 기다릴 대, 자리 석
> **경로효친** 敬老孝親 공경 경, 늙을 로, 효도 효, 어버이 친

尊 敬
높을 **존** 공경 **경**

존경 尊敬은 '존중히 여겨 우러르고 받드는 것'을 말하고, **존중** 尊重은 '높이 받들고 귀중하게 대하는 것'을 말해요.

尊(높을 존)이 만들어지던 때의 글자 형태는 양손으로 공손히 술병을 받치고 있는 모습이었어요. 그래서 '높다, 높이다, 공경하다'라는 의미를 나타내게 된 거예요.

> **단어** **존중** 尊重 높을 존, 무거울 중

보기

판사 判事

진인사대천명 盡人事待天命

사전 事前

① 일을 시작하기 전, 일이 일어나기 전

② 법정에서 재판을 진행하면서 검사와 변호사의 의견을 듣고 판단하여 피고의 죄에 대해 판결을 내리는 법관

③ '자신이 할 수 있는 노력을 다 해 일 하고, 하늘의 명(뜻)을 기다린다'는 의미의 성어

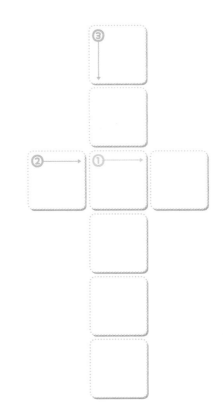

보기

경원시 敬遠視

존경 尊敬

경로 敬老

④ 존중히 여겨 우러르고 받듦

⑤ 노인을 공경하는 것

⑥ 겉으로는 존경하는 것 같지만 속으로는 두려워하거나 꺼리는 마음이 있어 멀리함을 뜻하는 성어

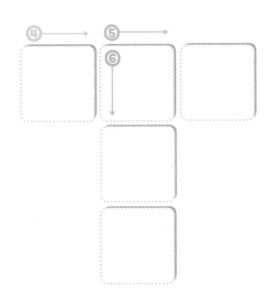

동음이의어 발음은 같지만 뜻이 다른 글자를 소개합니다.

老 後
늙을 로/노 뒤 후

의미

나이가 든 뒤

예문

• **노후**를 보내기 위해 나는 교외에 주택을 마련했다.

• 건강하게 **노후**를 보내시기 위해 부모님께서는 열심히 근력운동을 하신다.

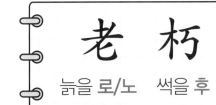

老 朽
늙을 로/노 썩을 후

의미

낡고 오래되어서 제대로 쓸 수 없음

예문

• 집중호우를 대비해 **노후** 하수관 공사를 시작했다.

• **노후**된 시설은 위험하기 때문에 안전을 위해 빨리 교체해야 한다.

24강

장 자 자 유　유 자 경 장
長者慈幼　幼者敬長

나이가 많은 사람은 어린 사람을 사랑하고,
어린 사람은 나이가 많은 사람을 공경하라.

오늘의 사자소학

長 者 慈 幼   幼 者 敬 長

어른 **장** 사람 **자** 사랑 **자** 어릴 **유**   어릴 **유** 사람 **자** 공경 **경** 어른 **장**

나이가 많은 사람은 어린 사람을 사랑하고,   어린 사람은 나이가 많은 사람을 공경하라.

 생각해 보기

사람과의 관계에서 어느 한 사람이 일방적으로 주기만 하거나 받기만 한다면 그 관계는 건강하다고 볼 수 없어요. 오래 갈 수 없는 관계이며, 관계가 지속된다고 해도 사이가 좋기는 어려워요. 만약 사이가 좋다고 한다면 둘 중 한 사람이 희생하고 있을 가능성이 크고요.

나이의 많고 적음을 떠나 서로를 아끼고 배려하는 마음을 가져야 건강한 관계를 유지할 수 있어요. 상대방이 가족이라고 해도 예외는 아니에요. 누구 한쪽에서만 잘해주고 희생하는 게 아니라, 서로 존중하고 배려해야 해요.

 사자소학 써보기

長	者	慈	幼	幼	者	敬	長
어른 장	사람 자	사랑 자	어릴 유	어릴 유	사람 자	공경 경	어른 장
어른 장	사람 자	사랑 자	어릴 유	어릴 유	사람 자	공경 경	어른 장

長 者 慈 幼
장 자 자 유

長 壽
길 **장** 목숨 **수**

長(길 **장**)은 '시간과 거리가 길다'는 의미이고, **장수** 長壽는 '오래 사는 것'을 말해요.
'군사를 이끄는 우두머리'를 나타내는 **장수** 將帥도 있으니, 글에 **장수**가 나오면 문맥에 맞
게 의미를 잘 살펴보세요.
어르신께 아무 탈 없이 오래 사시라는 의미를 담아 말씀드릴 때 "**만수무강**하세요."라고 말하
는데, **만수** 萬壽는 '오래 산다는 뜻'이고, **무강** 無疆은 '끝이 없다'는 의미예요.

 장수 將帥 장수 장, 장수 수 ㅣ **만수** 萬壽 일만 만, 목숨 수
무강 無疆 없을 무, 지경 강

教 學 相 長
가르칠 **교** 배울 **학** 서로 **상** 길 **장**

교학상장 教學相長은 '가르치고 배우는 과정에서 가르치는 사람과 배우는 사람이 함께
성장한다'는 의미의 성어예요. 가르치고 배우는 시간은 사제 모두에게 성장의 기회가 된답니
다. **사제** 師弟는 '스승과 제자'를 아우르는 말이에요.
더 잘 알고 싶다면 내가 알고 있는 것을 다른 사람에게 설명해 보세요. 한 뼘 더 자란 나를
발견할 수 있을 거예요.

 사제 師弟 스승 사, 아우 제

幼 者 敬 長
유 자 경 장

幼 蟲
어릴 유 벌레 충

유충 幼蟲은 '알에서 깨어난 후 아직 다 자라지 않은 애벌레'를 말하죠. '다 자란 벌레'는 **성충 成蟲**이라고 해요. **成(성)**은 '이루다'라는 기본적인 의미 외에도 '완성되다, 어른이 되다' 등의 뜻으로 사용해요. 사람도 연령에 따라 어린 아이는 **유아 幼兒**라고 하고, 다 자란 어른은 **성인 成人**이라고 하죠.

단어 **성충 成蟲** 이룰 성, 벌레 충 | **유아 幼兒** 어릴 유, 어릴 아
성인 成人 이룰 성, 사람 인

長 幼 有 序
어른 장 어릴 유 있을 유 차례 서

장유유서 長幼有序는 '나이가 많은 사람과 나이가 적은 사람 사이에는 차례와 순서가 있다'는 의미예요. 우리가 속해 있는 가장 작은 사회가 가정인데, 가족 구성원 안에서도 질서가 있어야 평화가 유지될 수 있어요.

하극상 下剋上은 **장유유서**와 정반대의 의미인데, '나이가 어리거나 계급이 낮은 사람이 윗사람을 이긴다'는 뜻이에요.

단어 **하극상 下剋上** 아래 하, 이길 극, 윗 상

보기

장수 長壽
훈장 訓長
교학상장 敎學相長

① 서당에서 글을 가르치는 글 선생님

② 오래 사는 것

③ 배우는 과정에서 가르치는 사람
과 배우는 사람이 같이 성장한다
는 의미의 성어

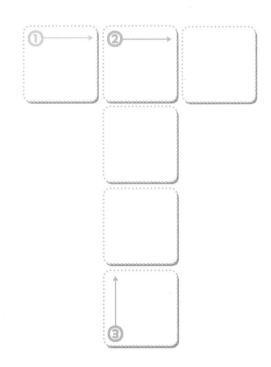

보기

장유유서 長幼有序
유치 幼稚
유충 幼蟲

④ 알에서 깨어난 후 아직 다 자라지
않은 애벌레

⑤ 수준이 낮거나 미숙함, 나이가 어림

⑥ 나이가 많은 사람과 나이가 적은
사람 사이에는 차례와 순서가 있
다는 의미의 성어

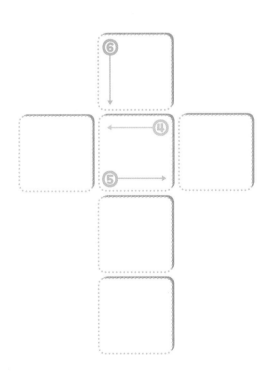

乳 齒
젖 유   이 치

誘 致
꾈 유   이를 치

의미

영구치가 나기 전까지 사용하는 젖니

의미

시설, 행사 등을 하려고 끌어 오는 것

예문

• 유치가 건강해야 영구치도 튼튼하다고 하니, 양치를 열심히 하렴.

• 유치가 빠지는 시기에는 개인차가 있다.

예문

• 고객 유치를 위해 직원들이 온 힘을 다해 발로 뛰고 있다.

• 올림픽 유치를 위해 각 분야의 전문가들이 함께 힘을 모으고 있다.

25강

아 경 인 친 　인 경 아 친
我 敬 人 親 　人 敬 我 親

내가 다른 사람의 부모님을 공경하면, 다른 사람도 나의 부모님을 공경한다.

오늘의 사자소학

我 敬 人 親   人 敬 我 親

나 **아**   공경할 **경**   사람 **인**   어버이 **친**   사람 **인**   공경할 **경**   나 **아**   어버이 **친**

내가 다른 사람의 부모님을 공경하면,   다른 사람도 나의 부모님을 공경한다.

 생각해 보기

〈논어〉에서 공자님은 '자신이 하기 싫은 일은 다른 사람에게도 시키지 말라. **(기소불욕, 물시어인 己所不欲, 勿施於人** 몸 기, 바 소, 아니 불, 하고자 할 욕, 말 물, 베풀 시, 어조사 어, 사람 인)'고 말씀하셨어요. 성경에도 남에게 대접 받고자 하는 대로 남을 대접하라고 나와있죠. 이것을 '황금률'이라고도 해요.

내가 다른 사람의 부모님을 공경하면, 다른 사람도 나의 부모님을 공경할 거예요. 또 내가 부모님을 소중하게 여기고 공경할 때, 다른 사람도 나의 부모님을 더 공경할 거예요.

 사자소학 써보기

我	敬	人	親	人	敬	我	親
나 아	공경할 경	사람 인	어버이 친	사람 인	공경할 경	나 아	어버이 친
나 아	공경할 경	사람 인	어버이 친	사람 인	공경할 경	나 아	어버이 친

역사를 살펴보면 다른 나라와 싸울 때가 있고, 싸우지 않고 사이 좋게 잘 지낼 때도 있어요.
화친 和親은 '나라와 나라 사이에 다툼이 없고 화합하여 친하게 지내는 것'을 말해요.
다른 나라와 **화친**을 하기도 하지만 오히려 다른 나라와 거리를 두고 가까이 하지 않으려고
하기도 하죠. '어떠한 대상을 따돌리거나 멀리 하는 것'은 **배척 排斥**이라고 해요.

> **단어** **배척 排斥** 밀칠 배, 물리칠 척

親 密
친할 **친**   가까이할 **밀**

친밀 親密을 한자로 보면 '친해서 사이가 벌어지지 않는 가까운 상태'라는 의미로, '매우 친
한 사이'를 나타내는 말이에요. 密(밀)은 '빽빽하다, 가까이하다, 자세하다, 비밀로 하다' 등의
뜻을 나타내요.
'빽빽하게 큰 나무들이 가득한 숲'인 **밀림 密林**과 '빈틈 없이 빽빽하게 모여있다'는 뜻인 **밀
집 密集**에서의 密(밀)은 '빽빽하다'는 의미예요.

> **단어** **밀림 密林** 빽빽할 밀, 수풀 림 | **밀집 密集** 빽빽할 밀, 모을 집

아군 我軍은 '우리 편의 군대나 군인'을 말하는데, 군대 뿐만 아니라 우리 편을 비유하는 단어이며, 비슷한 말로 **우군 友軍**이 있어요. '맞서 싸우는 다른 편 군대'는 **적군 敵軍**이라고 하고 상대편을 비유하는 말로도 써요.

군대는 임무를 수행하는 곳에 따라 **육해공 陸海空 삼군 三軍**으로 분류하고, 각각 **육군 陸軍**, **해군 海軍**, **공군 空軍**이라고 해요.

> **단어** **우군 友軍** 벗 우, 군사 군 ǀ **적군 敵軍** 대적할 적, 군대 군
> **육해공 陸海空** 뭍 륙/육, 바다 해, 하늘 공

아전인수 我田引水는 우리말 속담 '제 논에 물 대기'와 같아요. 욕심을 내어 자신에게 유리하도록 억지로 가져다 붙이는 상황에 쓰죠.

'고장난 차, 혹은 불법 주차된 차를 끌고 가는 차'인 **견인차 牽引車**, '지하철이나 버스 등의 요금 · 월급 · 물건의 가격 등을 올린다'는 의미의 **인상 引上**에도 **引**(끌 인)이 들어가요.

> **단어** **견인차 牽引車** 끌 견, 끌 인, 수레 차 ǀ **인상 引上** 끌 인, 윗 상

보기

친밀 親密
화친 和親
사고무친 四顧無親

① 나라와 나라 사이에 다툼이 없고
   화합하여 친하게 지내는 것

② 매우 친한 사이를 나타냄

③ 사방을 둘러봐도 친척이 없음을
   나타내는 성어

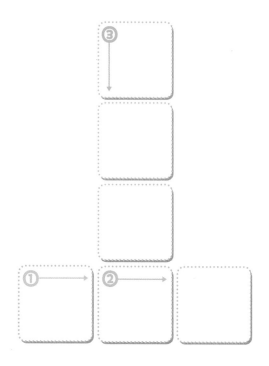

보기

아전인수 我田引水
아집 我執
아군 我軍

④ 우리 편의 군대나 군인, 우리 편
   을 비유하는 단어

⑤ 다른 사람의 입장을 고려하지 않
   고 자신의 생각에만 집착하고 자
   신의 의견만 내세우는 것

⑥ 제 논에 물 대기, 욕심을 내어 자
   신에게 유리하도록 억지로 가져
   다 붙일 때 사용하는 성어

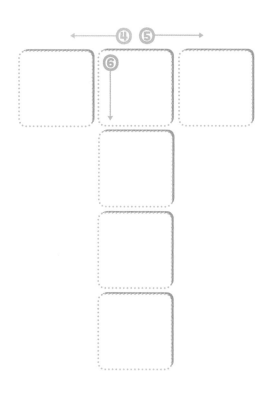

油 田
기름 유   밭 전

의미

석유가 나는 곳

예문

- 기후위기가 심해짐에 따라 북극해의 유전개발에 반대하는 보고서에 이목이 집중됐다.

- 연합군은 테러단체가 점령하던 유전지대를 탈환했다.

遺 傳
남길 유   전할 전

의미

물려받아 내려오는 것

앞 세대의 생김새, 성격, 체질 등이 자손에게 전해지는 것

예문

- 나의 새끼손가락이 짧은 것은 유전이다.

- 생김새와 성격이 똑 닮은 할아버지와 아빠, 그리고 나를 보며 유전의 힘을 느낄 수 있었다.

우 기 정 인 아 역 자 정
友 其 正 人 我 亦 自 正

그 바른 사람과 친구 하면, 나 또한 저절로 바르게 된다.

은찬 엄마, 고마워요.
호진이가 은찬이랑 다니면서 편식을
덜 하기 시작했어요.

어머, 기특한 녀석들.
은찬이도 밤에 자기 반성한다면서
사자소학 책을 그렇게 봐요.

호호호. 아주 둘이 단짝이네요.
네네~ 그럼 또 연락 드릴게요!

호진아, 너랑 은찬이는
우기정인, 아역자정이다.
둘 다 멋진 친구야.

으..........

부들
부들
부들
부들

그런데 형,
얼굴이 왜 이렇게 누래?
어디 불편해?

읍!!!!!

부들
부들
부들
부들

엄마, 은찬이가
인내의 왕이에요.
저도 방귀
잘 참을 수 있어요.

부들
부들
부들

헐, 은찬이형 따라
인내하겠다고 방귀를
참는다니.

아이고~

실...패...

푸쉬이이~

푸왁~

오늘의 사자소학

友其正人　我亦自正

벗 **우**　그 **기**　바를 **정**　사람 **인**　　나 **아**　또 **역**　스스로 **자**　바를 **정**

그 바른 사람과 친구 하면,　　　　　나 또한 저절로 바르게 된다.

 생각해 보기

우리는 주변의 환경이나 사람에 영향을 많이 받고, 나도 주위의 사람과 환경에 영향을 미쳐요. 내가 읽고 보고 듣고 생각하는 것, 좋아하여 따라하는 것, 즐겨 하는 것이 나도 모르는 사이 나를 만들어요.

내가 좋아하는 친구를 잘 살펴보세요. 친구의 모습 속에서 나와 비슷한 부분을 발견할 수 있을 거예요. 좋은 친구를 찾아 사귀고, 나도 좋은 사람이 되어 다른 사람에게 좋은 친구가 된다면 더없이 좋겠네요.

 사자소학 써보기

友	其	正	人	我	亦	自	正
벗 우	그 기	바를 정	사람 인	나 아	또 역	스스로 자	바를 정
벗 우	그 기	바를 정	사람 인	나 아	또 역	스스로 자	바를 정

벗 **우**　뜻 **정**

뽀로로와 크롱, 빨강머리 앤과 다이애나, 미키와 미니, 해리포터와 론과 헤르미온느, 오성과 한음 하면 떠오르는 단어는 바로 **우정**이죠. **우정** 友情은 '친구 사이의 정'을 말해요. '따뜻한 마음'은 **온정** 溫情, '사랑하는 마음'은 **애정** 愛情, '차갑고 쌀쌀한 마음'은 **냉정** 冷情이라고 해요. 한민족을 정이 많은 민족이라고 하는데, 여기서 말하는 정이 바로 情(뜻 정)이에요.

단어 **온정** 溫情 따뜻할 온, 뜻 정 ┃ **애정** 愛情 사랑 애, 뜻 정
냉정 冷情 찰 냉, 뜻 정

朋 友 有 信

벗 **붕**　벗 **우**　있을 **유**　믿을 **신**

붕우유신 朋友有信은 '친구 사이에는 믿음이 있어야 한다'는 의미예요. 사랑과 우정의 밑바탕에 믿음이 있어야 나와 다른 사람과의 관계가 건강할 수 있어요.
신라시대의 화랑이 지켜야 할 다섯 가지 약속인 '세속오계' 중 '친구를 사귀는 데 있어 믿음으로 해야 한다'는 **교우이신** 交友以信이 있는 것만 보아도 친구 사이에 믿음이 얼마나 중요한지 알 수 있어요.

단어 **교우이신** 交友以信 사귈 교, 벗 우, 써 이, 믿을 신

我 亦 自 正
아 역 자 정

正 直
바를 **정**　곧을 **직**

정직 正直은 '거짓이나 꾸밈 없이 바르고 곧음'을 나타내요. 正(바를 **정**)은 다섯 획으로 이루어져 있어서 셈을 하며 '다섯'을 표시할 때 자주 사용하지요.

'곧은 선'을 나타내는 **직선** 直線, '방향을 바꾸지 않고 곧게 나아간다'는 **직진** 直進, '두 직선이 만나 90도를 이루는 각'인 **직각** 直角 등의 단어에서도 直(곧을 **직**)을 사용해요.

단어 **직선** 直線 곧을 직, 줄 선 ｜ **직진** 直進 곧을 직, 나아갈 진
직각 直角 곧을 직, 각도 각

不 正 腐 敗
아닐 **부**　바를 **정**　썩을 **부**　패할 **패**

부정부패 不正腐敗는 '바르지 않고 썩은 것'을 말해요. 사회가 부조리하고 바르지 못한 현상을 말하기도 하고, 사람들이 정당하지 못한 방법으로 이익을 취하는 모습을 나타내기도 해요. '썩어서 벌레가 먹은 것처럼 쇠가 녹이 슨다'는 뜻인 **부식** 腐蝕에도 腐(썩을 **부**)를 사용해요. 敗(**패**)는 勝(이길 **승**)의 반대 의미인 '지다' 외에도 '깨지다, 썩다'라는 뜻도 가지고 있어요.

단어 **부식** 腐蝕 썩을 부, 좀먹을 식

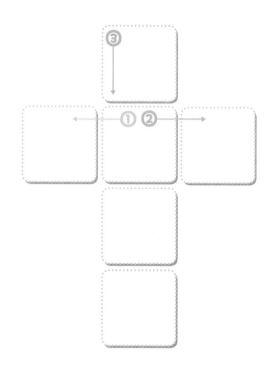

보기

붕우유신 朋友有信
우정 友情
우호 友好

① 앤과 다이애나, 해리포터와 론과 헤르미온느, 미키와 미니하면 떠오르는 단어

② 개인과 개인, 나라와 나라의 사이가 좋은 것

③ 친구 사이에는 믿음이 있어야 한다는 의미의 성어

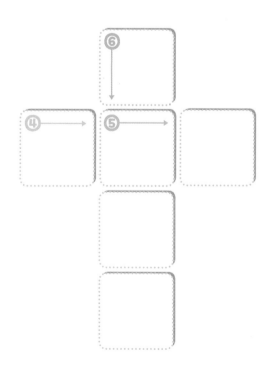

보기

정직 正直
부정부패 不正腐敗
정정 訂正

④ 틀린 부분을 바로 잡아 고치는 것

⑤ 거짓이나 꾸밈 없이 바르고 곧음을 나타냄

⑥ 바르지 않고 썩음. 사회가 부조리하고 바르지 못한 현상을 말하는 성어. 정당하지 못한 방법으로 이익을 취하는 모습을 나타냄

동음이의어 발음은 같지만 뜻이 다른 글자를 소개합니다.

校 監
학교 교 볼 감

의미

학교장을 도와서 학교를 운영하는 사람

예문

- 우리 학교에는 **교감** 선생님이 두 분이나 계신다.

- 담임 선생님이 편찮으셔서 오늘 은 **교감** 선생님이 수업을 하셨다.

交 感
사귈 교 느낄 감

의미

느낌 · 생각 · 감정을 서로가 함께 나누 는 것

예문

- 푸바오와 사육사들 간의 **교감**은 사 람들에게 큰 감동을 선사했다.

- 귀여운 동물과의 **교감**은 심신의 안 정을 가져다 줄 수 있다.

白沙在泥 不染自汚
백 사 재 니 불 염 자 오

흰모래가 진흙에 있으면, 물들이지 않아도 저절로 더러워진다.

27강

오늘의 사자소학

白沙在泥　不染自汚

흰 **백**　모래 **사**　있을 **재**　진흙 **니**　아니 **불**　물들 **염**　스스로 **자**　더러울 **오**

흰모래가 진흙에 있으면,　　　　물들이지 않아도 저절로 더러워진다.

 생각해 보기

바닷가 옆에는 **백사장 白沙場**이 펼쳐져 있죠. 하얀 모래 한 줌을 진흙에 넣으면 모래는 진흙에 섞여서 더러워질 거예요.

사람은 처한 환경에 따라 전혀 다른 사람이 될 수 있어요. 내가 좋은 환경에서 좋은 사람으로 성장하며, 좋은 환경을 알아볼 수 있는 안목을 기르면 **금상첨화**겠지요! **금상첨화 錦上添花**는 비단 위에 꽃을 더한다는 뜻으로 좋은 것에 좋은 것이 더해진다는 의미예요.

• **백사장 白沙場** 흰 백, 모래 사, 마당 장 │ **금상첨화 錦上添花** 비단 금, 윗 상, 더할 첨, 꽃 화

 사자소학 써보기

白	沙	在	泥	不	染	自	汚
흰 백	모래 사	있을 재	진흙 니	아니 불	물들 염	스스로 자	더러울 오
흰 백	모래 사	있을 재	진흙 니	아니 불	물들 염	스스로 자	더러울 오

白 沙 在 泥
백 사 재 니

在 庫
있을 재　창고 고

재고 在庫의 한자를 풀어보면 '창고에 있다'는 뜻으로, '창고에 보관하고 있는 물건'을 말해요. 보통 '**재고**정리'를 하면 창고에 쌓여 있는 물건을 평소에 판매하는 가격보다 저렴하게 판매하죠.

'음식물을 낮은 온도에서 저장해 간직'하는 **냉장고 冷藏庫**, '화약을 넣어두는 창고'라는 뜻으로, 전쟁이 일어날 위험이 큰 지역이라는 의미인 **화약고 火藥庫**에도 庫(창고 고)를 사용해요.

단어 **냉장고 冷藏庫** 찰 냉, 감출 장, 창고 고 ｜ **화약고 火藥庫** 불 화, 약 약, 창고 고

在 宅
있을 재　집 택

코로나19 이후 **재택** 근무, **재택** 수업 등이 늘어나서 **재택**이라는 단어는 전국민에게 익숙해졌어요. **재택 在宅**은 '집에 있다'는 뜻이에요.

코로나19 이후 **택배**와 배달이 급증했죠? **택배 宅配**는 '집까지 물건을 가져다 주는 것', **배달 配達**은 '우편물이나 상품 등을 받는 사람이 있는 곳까지 가져다 주는 것'을 말해요.

단어 **택배 宅配** 집 택, 나눌 배 ｜ **배달 配達** 나눌 배, 이를 달

不 染 自 汚
불   염   자   오

汚 染
더러울 오   물들 염

오염 汚染은 '더럽게 물들었다'는 의미이고, 또 환경이 훼손되어 공기나 물 등이 더러워지는 것을 말해요.

'물감으로 머리카락이나 천을 물들이는 것'은 **염색** 染色이라고 하죠. '옷이나 신발에서 물감이 빠져서 다른 부분에 색이 번지거나 다른 물건에 물드는 것'은 **이염** 移染이라고 해요. 새 옷을 빨 때 다른 옷이 **이염**되지 않게 조심하세요.

단어 **염색** 染色 물들 염, 빛 색 | **이염** 移染 옮길 이, 물들 염

貪 官 汚 吏
탐날 탐   벼슬 관   더러울 오   벼슬아치 리

탐관오리 貪官汚吏는 '탐욕스럽고 더럽게 부패한 벼슬아치'라는 뜻으로, 옛날 벼슬아치 중에서 자신의 이익을 위해 백성들의 재물을 빼앗고 부정부패한 사람들을 뜻하는 말이에요. 관리들 가운데는 탐관오리와는 정반대로 재물을 탐하지 않고 청렴하며 근검절약하고 성품과 행실이 바른 사람도 있었는데, 이런 벼슬아치를 **청백리** 清白吏라고 해요.

단어 **청백리** 清白吏 맑을 청, 흰 백, 벼슬아치 리

보기

재택 在宅
인명재천 人命在天
재고 在庫

① 창고에 보관하고 있는 물건

② '집에 있다'라는 뜻의 단어

③ 사람의 목숨은 하늘에 달려있다는 의미의 성어

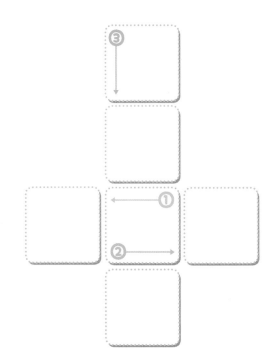

보기

오염 汚染
오명 汚名
탐관오리 貪官汚吏

④ 더럽게 물들임, 환경이 훼손되어 공기, 물 등이 더러워진 것을 말함

⑤ 더러워진 이름이나 명예

⑥ 옛날 벼슬아치 중 자신의 이익을 위해서 백성들의 재물을 빼앗고 부정부패한 사람들을 의미하는 성어

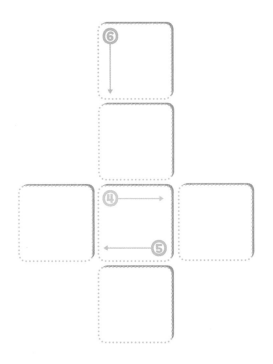

동음이의어 발음은 같지만 뜻이 다른 글자를 소개합니다.

公 私
공평할 공   사사로울 사

의미

여러 사람을 위한 일과 자기만을 위한 일을 모두 아울러 이르는 말

예문

• 나라의 일을 맡아보는 사람은 특별히 공사를 엄격하게 구분하여 일을 해야 한다.

• 초등학교도 들어가지 않은 아이가 공사 구분을 확실하게 해서 지켜보던 사람들이 모두 놀랐다.

工 事
장인 공   일 사

의미

건물, 도로, 다리 등을 세우거나 고치는 일

예문

• 새벽부터 시작된 공사 소음은 주민들의 단잠을 깨웠다.

• 학교 시설 정비를 위한 공사로 3개월 동안 겨울방학에 들어갈 예정이다.

28강

근 묵 자 흑 근 주 자 적

近墨者黑 近朱者赤

먹과 가까이 하는 사람은 검게 되고, 붉은 것과 가까이 하는 사람은 붉게 된다.

오늘의 사자소학

近墨者黑　近朱者赤

가까울 **근**　먹 **묵**　사람 **자**　검을 **흑**　　가까울 **근**　붉을 **주**　사람 **자**　붉을 **적**

먹과 가까이 하는 사람은 검게 되고,　　붉은 것과 가까이 하는 사람은 붉게 된다.

 생각해 보기

맹자가 어린시절 묘지 근처에 살 때 곡을 하며 장례 지내는 흉내를 내서 맹자의 어머니가 시장 근처로 이사했고, 시장 근처에 살 때는 장사하는 흉내를 내서 마지막으로 서당 근처로 이사했다는 이야기에서 유래된 **맹모삼천 孟母三遷**은 환경의 중요성을 이야기할 때 늘 언급되는 말이에요.

'근묵자흑, 근주자적'도 주변 사람이나 주위 환경에 따라서 사람이 변할 수 있다는 의미로 사용해요. 오늘의 나보다 더 멋진 내일의 내가 되기 위해 좋은 환경으로 나를 밀어 넣어 볼까요!

 사자소학 써보기

近	墨	者	黑	近	朱	者	赤
가까울 근	먹 묵	사람 자	검을 흑	가까울 근	붉을 주	사람 자	붉을 적
가까울 근	먹 묵	사람 자	검을 흑	가까울 근	붉을 주	사람 자	붉을 적

近 墨 者 黑
근 묵 자 흑

黑 心
검을 흑   마음 심

흑심 黑心은 '검은 마음, 흉악하고 욕심이 많으며 올바르지 않은 마음'을 말해요. '**흑심**을 품고 어떤 일을 했다'라고 하면 행위를 한 사람의 동기가 올바르지 않다는 것을 알 수 있죠.

黑(흑)은 '검은색'을 의미할 뿐만 아니라 '어두움, 악, 나쁨' 등을 표현해요. **흑백** 黑白은 '검은색과 흰색'이라는 뜻 외에도, '옳고 그름'을 의미해요.

단어 **흑백** 黑白 검을 흑, 흰 백

漆 黑
옻 칠   검을 흑

나전칠기는 반짝이는 조개나 전복 껍질을 붙이고 그 위에 옻나무에서 추출한 진액을 발라 만드는 공예품인데, 나전칠기에도 漆(옻 칠)을 사용해요.

칠흑 漆黑은 '옻칠을 한 것처럼 윤이 나고 새까만 것, 또는 그런 색깔'을 나타내요. 漆(칠)은 '옻을 바르는 것, 물감 같은 액체를 바르는 것'을 말해요. '색을 칠하는 것'이란 뜻의 **색칠** 色漆, '분필로 글씨를 쓰게 만든 판'이라는 **칠판** 漆板에도 漆(옻 칠)을 사용해요.

단어 **색칠** 色漆 빛 색, 옻 칠 | **칠판** 漆板 옻 칠, 널빤지 판

近 朱 者 赤
근 주 자 적

側 近
곁 측 가까울 근

측근 側近은 '곁의 가까운 곳'이라는 뜻으로 '가까이 있는 친한 사람, 윗사람을 가까이에서 모시는 사람'이라는 의미도 있어요. **근방 近方, 부근 附近, 인근 鄰近**도 '가까운 곳'을 의미하는 단어예요. 마을에는 **근린**공원이 있기도 한데, **근린**공원은 '주택가 가까이에 있는 공원'을 말해요. **근린**과 **인근**은 어순만 바꾼 같은 의미의 단어예요.

단어 **근방 近方** 가까울 근, 사방 방 | **부근 附近** 붙을 부, 가까울 근
인근 鄰近 이웃 린/인, 가까울 근

近 悅 遠 來
가까울 근 기쁠 열 멀 원 올 래

공자는 정치를 '가까이에 있는 사람을 기쁘게 하고, 멀리 있는 사람을 찾아오게 하는 것 **近悅遠來 근열원래**'라고 하셨어요. **정치 政治**는 '나라를 다스리는 일'이라는 뜻이에요. 이는 어른들의 일이니 나와는 상관 없다고 생각할 수도 있지만, 살아가며 생기는 문제에 대한 의견의 차이와 다툼을 해결하는 것이니, 어른들의 일이라고만 할 수 없어요. 나를 위해서 이제부터 **정치**에 관심을 좀 가져볼까요?

단어 **정치 政治** 정사 정, 다스릴 치

연습문제 문제가 설명하는 단어를 〈보기〉에서 찾아 빈 칸을 채워주세요.

보기

흑백불분 黑白不分
흑심 黑心
칠흑 漆黑

① 옻칠을 한 것처럼 윤이 나고 새까
만 것, 또는 그런 색깔

② 검은 마음, 흉악하고 욕심이 많으
며 올바르지 않은 마음

③ 검은 것과 흰 것을 잘 나눌 수 없
음, 잘잘못이 분명하지 않음을 나
타내는 성어

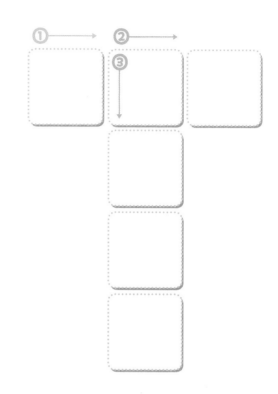

보기

측근 側近
근열원래 近悅遠來
근시 近視

④ 곁의 가까운 곳

⑤ 가까운 곳에 있는 것이 잘 보이고
멀리 있는 것이 잘 보이지 않는
현상

⑥ 가까이에 있는 사람을 기쁘게 하
고, 멀리 있는 사람을 찾아오게
한다는 뜻의 성어

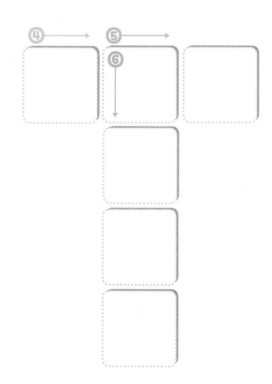

指 導
가리킬 지 인도할 도

의미

어떤 일을 다른 사람에게 가르치거나 이끌어주는 것

예문

• 졸업한 선배들이 후배들을 **지도**해주기 위해서 휴일에 학교에 왔다.

• 열정적으로 **지도**해주시는 선생님이 계셔서 저희는 연습하는 동안 더 힘을 낼 수 있었습니다.

地 圖
땅 지 그림 도

의미

땅의 생김새를 줄여서 나타낸 그림

예문

• 내 취미는 구글 **지도**에서 전 세계 유명한 곳을 찾아보는 것이다.

• 핸드폰으로 **지도**를 볼 수 있어서, 주소만 있으면 어디든 찾아갈 수 있다.

붕 우 유 과 충 고 선 도

朋友有過 忠告善導

친구가 허물이 있으면, 진심으로 일러주고 올바른 길로 인도하라.

오늘의 사자소학

朋 友 有 過　忠 告 善 導

벗 **붕**　벗 **우**　있을 **유**　허물 **과**　　충성 **충**　알릴 **고**　착할 **선**　인도할 **도**

친구가 허물이 있으면,　　진심으로 일러주고 올바른 길로 인도하라.

 생각해 보기

어떤 사람이 진정한 친구라고 생각하나요? 같이 즐겁게 시간을 보내고, 어려움이 있으면 나누기도 하고, 잘할 때 축하해 주고 칭찬해 줄 수 있는 사람이 진정한 친구일 거예요. 또한 친구가 나쁜 마음을 먹거나 잘못된 행동을 할 때, 아끼는 마음으로 타이르고 그 친구를 올바른 길로 인도할 수 있어야 하겠죠? 하지만 받아들이는 입장에서 충고는 쓸 수밖에 없어요. 친구의 잘못에 대해 충고할 때 잘한 점을 먼저 칭찬하고 고쳐야 할 점을 이야기해 보는 것은 어떨까요?

 사자소학 써보기

朋	友	有	過	忠	告	善	導
벗 붕	벗 우	있을 유	허물 과	충성 충	알릴 고	착할 선	인도할 도
벗 붕	벗 우	있을 유	허물 과	충성 충	알릴 고	착할 선	인도할 도

朋 友 有 過
붕 우 유 과

過 失
허물 과   잘못할 실

과실 過失은 '주의하지 않거나 게으른 것에서 비롯된 잘못이나 허물'을 말해요. **失(실)**이 '허물, 잘못'의 뜻으로 사용된 경우이죠.

'자취를 잃어 간 곳이나 생사를 알 수 없다'는 의미의 **실종 失踪**, '물건을 잃어버린다'는 뜻의 **분실 紛失**, '직업을 잃은 사람'이라는 의미인 **실업자 失業者**의 **失(실)**은 '잃다, 잃어버리다'의 뜻으로 사용되었어요.

> **단어** **실종 失踪** 잃을 실, 자취 종 | **분실 紛失** 어지러울 분, 잃을 실
> **실업자 失業者** 잃을 실, 일 업, 사람 자

改 過 遷 善
고칠 개   허물 과   옮길 천   착할 선

옛날 중국에 주처라는 사람이 있었어요. 어린 시절 아버지를 여의고 망나니처럼 살다가 어머니까지 돌아가시고 그제서야 철이 들어서 자신의 잘못을 깨닫고, 지난 날의 잘못을 고쳐 새 사람이 되었다고 해요. 이 이야기에서 유래한 성어가 바로 **개과천선 改過遷善**이에요. **맹모삼천 孟母三遷**과 '수도를 옮긴다'는 뜻의 **천도 遷都**에서도 **遷(옮길 천)**을 사용해요.

> **단어** **맹모삼천 孟母三遷** 맏 맹, 어머니 모, 석 삼, 옮길 천
> **천도 遷都** 옮길 천, 도읍 도

忠 告 善 導
충 고 선 도

改 善
고칠 개 착할 선

개선 改善은 '잘못된 점, 나쁜 점, 모자란 점 등을 고쳐서 더 좋게 만드는 것'을 말해요. 善(착할 선)은 '착하다, 어질다'라는 뜻 외에도 **개선**에서처럼 '좋다, 잘하다, 뛰어나다'라는 의미를 나타내기도 해요. **개선**과 비슷한 의미의 단어로 '나쁜 점을 보완하여 더 낫게 고친다'는 의미의 **개량** 改良, '고쳐서 만들거나 바꾼다'는 의미의 **개조** 改造가 있어요.

단어 **개량** 改良 고칠 개, 어질 량 ┃ **개조** 改造 고칠 개, 만들 조

多 多 益 善
많을 다 많을 다 더할 익 착할 선

다다익선 多多益善은 '많으면 많을수록 더 좋다'는 의미예요. 우리의 용돈이야말로 **다다익선**이죠.

한 해를 마무리하는 12월이면 방송에서 어김없이 들을 수 있는 말이 있어요. 바로 **다사다난** 多事多難이라는 말로 '여러 가지 일도 많고 어려움이나 사고도 많다'라는 의미예요. '**다사다난**한 한 해'라는 말을 올해 연말에는 몇 번이나 듣게 되는지 세어보세요.

단어 **다사다난** 多事多難 많을 다, 일 사, 많을 다, 어려울 난

 **연습문제** 문제가 설명하는 단어를 (보기)에서 찾아 빈 칸을 채워주세요.

보기

● 과실 過失
　개과천선 改過遷善
　초과 超過

① 기준이 되는 수나 한도를 넘어선 것

② 주의하지 않거나 게으른 것에서 비롯된 잘못이나 허물

③ 지난 날의 잘못을 고쳐 새사람이 되었다는 의미의 성어

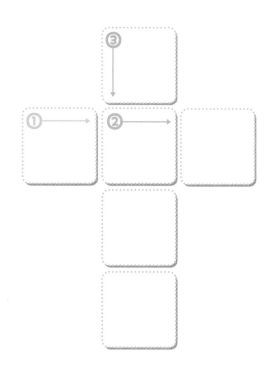

보기

● 다다익선 多多益善
　선량 善良
　개선 改善

④ 나쁜 점을 보완하여 더 좋게 고침

⑤ 마음이 너그러우며 착하고 지혜롭고 덕이 높음

⑥ 많으면 많을수록 더 좋음을 나타내는 성어

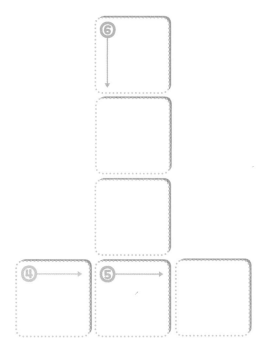

동음이의어 발음은 같지만 뜻이 다른 글자를 소개합니다.

過 去
지날 과   갈 거

의미

지나간 날

예문

• 가해자가 **과거**의 잘못에 대해 진심으로 사과하는 모습을 본 피해자는 기꺼이 용서하기로 했다.

• **과거**의 모습이 어땠는지는 중요한 것이 아니다.

科 舉
과목 과   들 거

의미

옛날에 우리나라와 중국에서 관리를 뽑기 위해서 치뤘던 시험

예문

• 조선시대 **과거**에 급제한 최고령자의 나이는 83세이다.

• 중국 당나라의 위대한 시인 이백은 어린시절 **과거**를 준비하기 위해 홀로 산속에 들어가 공부했다.

30강

인 무 책 우 이 함 불 의
人無責友 易陷不義

사람은 꾸짖어주는 친구가 없으면, 의롭지 않은 것에 쉽게 빠진다.

오늘의 사자소학

人 無 責 友   易 陷 不 義

사람 **인** 없을 **무** 꾸짖을 **책** 벗 **우**   쉬울 **이** 빠질 **함** 아니 **불** 옳을 **의**

사람은 꾸짖어주는 친구가 없으면,   의롭지 않은 것에 쉽게 빠진다.

 생각해 보기

다른 사람의 잘못을 지적하고 꾸짖는 것은 어려운 일이에요. 어떻게 이야기해야 할지 고민스럽고, 내가 한 이야기에 상대방이 기분 상해하면 어쩌나 걱정이 되지요. 하지만 내가 사랑하는 친구가 잘못하는 것이 있다면, 용기를 내서 친구에게 지혜롭게 이야기해야 해요. 내가 아끼는 친구에게 쓴소리를 할 수 있는 용기와 내가 좋아하는 친구가 나에게 쓴소리할 때 받아들일 수 있는 마음도 같이 길러보아요.

 사자소학 써보기

人	無	責	友	易	陷	不	義
사람 인	없을 무	꾸짖을 책	벗 우	쉬울 이	빠질 함	아니 불	옳을 의
사람 인	없을 무	꾸짖을 책	벗 우	쉬울 이	빠질 함	아니 불	옳을 의

人 無 責 友
인 무 책 우

人 權
사람 **인**　권세 **권**

인권 人權은 '사람으로서 당연히 가져야 하는 권리'라는 의미예요. 모든 사람에게는 성별, 피부색, 국적, 나이, 장애의 유무, 경제적인 능력과 상관 없이 인간답게 살 권리가 있답니다.

'다른 사람에게 일을 시키거나 나라를 다스릴 수 있는 힘'이라는 뜻의 **권력 權力**, '권리나 권력이 미치는 테두리'를 나타내는 **권한 權限**에서 **權**(권세 **권**)을 사용해요.

단어　**권력 權力** 권세 권, 힘 력 ┃ **권한 權限** 권세 권, 한할 한

人 造
사람 **인**　지을 **조**

인조 人造란 '사람이 만든 것'을 말해요. **인공 人工**은 '사람의 힘으로 만들었다'는 의미로, **인조**와 비슷한 단어예요. **천연 天然**은 **인조**의 반대말로, '사람의 손이 닿지 않은, 있는 그대로의 자연'을 말해요.

'진짜와 비슷한 물건을 만든다'는 의미의 **위조 僞造**, '어떤 것을 흉내 내거나 본떠서 만든 가짜'라는 의미의 **모조 模造**는 **造**(지을 **조**)를 사용한 대표적인 단어예요.

단어　**인공 人工** 사람 인, 장인 공 ┃ **천연 天然** 하늘 천, 그러할 연
　　　　위조 僞造 거짓 위, 지을 조 ┃ **모조 模造** 본뜰 모, 지을 조

어휘 확장! 사자소학에 나왔던 한자가 쓰인 어휘를 더 알아볼까요?

易 陷 不 義
이 함 불 의

簡 易
간단할 **간**   쉬울 **이**

간이 簡易는 '간단하고 쉽다'는 뜻이에요. **간이** 침대, **간이** 화장실, **간이** 검사, **간이** 쉼터 등은 꼭 필요한 기능만 갖추어 간단하게 만든 것이에요.

'간단하고 편리하다'는 **간편 簡便**, '복잡하지 않고 쉽다'라는 의미의 **간단 簡單**에서도 簡(간단할 **간**)을 사용해요.

簡(**간**)은 '죽간'을 뜻하기도 하는데, 중국에서 종이가 발명되기 전에 좁고 긴 대나무 조각인 죽간에 글을 쓰고, 그것을 엮어서 책을 만들기도 했어요.

단어 **간편 簡便** 간단할 간, 편할 편 ┃ **간단 簡單** 간단할 간, 홑 단

易 地 思 之
바꿀 **역**   땅 **지**   생각 **사**   이것, 그것 **지**

역지사지 易地思之는 '입장을 바꾸어 생각해보다'라는 의미로, 다른 사람과 더불어 살아가는데 꼭 필요한 마음자세입니다.

易(쉬울 **이**)를 '역'이라고 읽으면 '바꾸다'라는 뜻을 나타내요. '나라와 나라 사이에 서로 물건을 사고 파는 것'을 **무역 貿易**이라고 하고, 생산자에게 정당한 대가를 지불하는 **무역**은 **공정무역**이라고 해요. **공정 公正**은 '공평하고 바른 것'을 말해요.

단어 **무역 貿易** 바꿀 무, 바꿀 역 ┃ **공정 公正** 공평할 공, 바를 정

보기

인면수심 人面獸心
인권 人權
인조 人造

① 사람으로서 당연히 가져야 하는 권리

② 사람이 만든 것

③ 사람의 얼굴을 하고 있지만 짐승 같은 마음을 가지고 있음, 무례하 고 행동이 흉악하며 포악하고 잔 인한 사람을 의미하는 성어

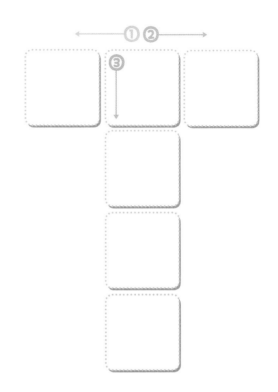

보기

평이 平易
역지사지 易地思之
간이 簡易

④ 까다롭지 않고 이해하기 쉬운 것

⑤ 간단하고 쉬운 것

⑥ 입장을 바꾸어 생각해 본다는 의 미의 성어

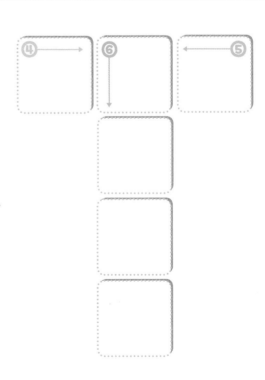

동음이의어 발음은 같지만 뜻이 다른 글자를 소개합니다.

成 人
이룰 성 사람 인

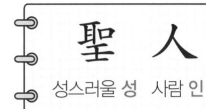

聖 人
성스러울 성 사람 인

의미

어른, 다 자라서 어른이 된 사람

의미

지혜롭고 덕이 높으며 성품이 훌륭하여 사람들이 존경하며 본받고자 하는 사람

예문

• 성인과 어린이의 입장료는 다르다.

• 외모만 봐서는 청소년인지 성인인지 구분하기가 어렵다.

예문

• 예수 · 공자 · 석가 · 소크라테스는 세계 4대 성인이다.

• 삶의 지혜를 얻기 위해서 성인들이 남기신 말씀을 매일 한 구절씩 쓰고 있다.

31강

견 선 종 지 지 과 필 개
見善從之 知過必改
선을 보거든 그것을 따르고, 잘못을 알면 반드시 고쳐라.

오늘의 사자소학

見善從之　知過必改

볼 **견**　착할 **선**　좋을 **종**　이것, 그것 **지**　　알 **지**　허물 **과**　반드시 **필**　고칠 **개**

선을 보거든 그것을 따르고,　　　　　　잘못을 알면 반드시 고쳐라.

 생각해 보기

중국에는 '늙을 때까지 살고, 늙을 때까지 배운다.'라는 속담이 있어요. 배움에는 끝이 없음을, 사람은 마지막 숨을 내쉴 때까지 발전하고 배워야 한다는 것을 의미해요. 배움을 떠올리면 책상에 앉아 수업 듣고 문제 푸는 것만 생각나나요? 자연에서 배우고, 세상이 어떻게 돌아가는지 파악하고, 다른 사람과의 관계에서 사람에 대해 알아가고, 삶의 지혜를 터득하는 이 모든 것이 우리에게는 배움입니다. 좋은 것은 배우고 나쁜 것은 고쳐가는 멋진 매일을 만들어 볼까요? 어제보다 더 나은 오늘의 내가 되어 있을 거예요.

 사자소학 써보기

見	善	從	之	知	過	必	改
볼 견	착할 선	좋을 종	이것, 그것 지	알 지	허물 과	반드시 필	고칠 개
볼 견	착할 선	좋을 종	이것, 그것 지	알 지	허물 과	반드시 필	고칠 개

見 善 從 之
견 선 종 지

偏 見
치우칠 **편** 볼 **견**

'머릿속에 이미 자리 잡아서 잘 바뀌지 않는 생각'을 **고정관념** 固定觀念이라고 해요. **고정관념** 중에는 '공정하지 못하게 한쪽으로 치우친 생각'이 있기도 한데, 이것을 **편견** 偏見이라고 하죠.
'사람이나 일이 어떠할 것이라고 미리 판단하여 가지게 된 생각'을 **선입견** 先入見이라고 하는데, **선입견** 때문에 **편견**이 생기지 않도록 조심해야 해요.

 고정 固定 굳을 고, 정할 정 | **관념** 觀念 볼 관, 생각 념
선입견 先入見 먼저 선, 들 입, 볼 견

見 物 生 心
볼 **견** 물건 **물** 날 **생** 마음 **심**

견물생심 見物生心은 '물건을 보면 그 물건을 갖고 싶은 마음이 생긴다'는 의미의 성어예요. '돈이나 값비싼 물건을 가지고 싶은 마음'을 **물욕** 物慾이라고 해요. **물욕** 자체는 나쁜 것이 아니에요. '재물을 지나치게 탐내'는 **탐심** 貪心이 문제죠. 정당한 방법으로 열심히 돈을 벌고 소비하며 **물욕**을 채우는 것은 사람들에게 활력을 불어넣을 수 있는 것이니까요.

물욕 物慾 물건 물, 욕심 욕 | **탐심** 貪心 탐할 탐, 마음 심

未(아닐 미)는 '아니다, 아직 ~하지 못하다'라는 의미의 글자예요. 동작을 나타내는 단어의 앞에 써서 그 동작을 아직 하지 못했음을 의미해요.

'아직 모르는 것'이라는 뜻의 **미지 未知**, '오지 않은 때'라는 의미의 **미래 未來**, '아직 숙련 되지 못해 일솜씨가 서투름'을 나타내는 **미숙 未熟**은 未(아닐 미)를 사용한 대표적인 단어 예요.

단어 **미래 未來** 아닐 미, 올 래 | **미숙 未熟** 아닐 미, 익을 숙

지피지기 知彼知己는 '남을 알고 나를 안다'는 뜻으로, 뒤에 '백 번 싸워도 위태롭지 않다' 는 의미의 성어 **백전불태 百戰不殆**가 자주 나와요.

'적을 알고 나를 알아야 싸움에서 이길 수 있다'라는 의미로, 군사를 이끌고 전쟁을 하는 방 법에 대해서 쓴 〈손자〉라는 책에 나온 말이에요. **백전불태** 대신 '백 번 싸워서 백 번 이기다' 라는 **백전백승 百戰百勝**을 쓰기도 해요.

단어 **백전불태 百戰不殆** 일백 백, 싸움 전, 아니 불, 위험할 태
백전백승 百戰百勝 일백 백, 싸움 전, 일백 백, 이길 승

보기

편견 偏見
견물생심 見物生心
고견 高見

① 매우 뛰어나고 훌륭한 의견

② 공정하지 못하게 한쪽으로 치우친 생각

③ 물건을 보면 그 물건을 갖고 싶은 마음이 생긴다는 뜻의 성어

보기

지각 知覺
미지 未知
지피지기 知彼知己

④ 아직 모르는 것

⑤ 이치나 도리를 깨달아 앎, 감각 기관인 눈·코·귀 등으로 바깥의 자극이나 변화를 느낌

⑥ 남을 알고 나를 안다는 뜻의 성어

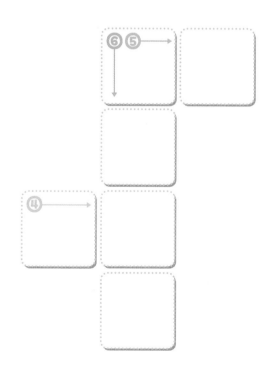

地 殼
땅 지   껍질 각

遲 刻
더딜 지   시간 각

의미

지구의 땅 맨 바깥쪽을 차지하는 부분

의미

제 시간보다 늦게 도착함. 정해진 시간보다 늦게 출근하거나 학교에 도착하는 것

예문

- **지각**은 주로 암석으로 이루어져 있어요.

- 지구를 달걀로 비유해볼 때 **지각**은 달걀껍질에 해당한다.

예문

- **지각**하지 않으려면 어떻게 해야 할까요?

- 그는 약속 시간에 **지각**하지 않기 위해서 언제나 10분 전에 약속 장소에 도착한다.

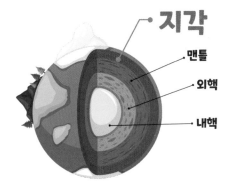

지각
맨틀
외핵
내핵

04장

내 안의 나

내가 좋은 사람이 된다면

내 주위에도 자연스럽게 좋은 사람들이 모이게 돼요.

내가 괜찮은 사람이 된다면

내가 사는 사회가 더 괜찮은 사회가 될 거예요.

어떻게 하면 단단하고 건강한 내가 될 수 있을지

사자소학에서 함께 살펴봐요.

비 례 물 시 비 례 물 청

非禮勿視 非禮勿聽

예가 아니면 보지 말고, 예가 아니면 듣지 말라.

오늘의 사자소학

非禮勿視   非禮勿聽

아닐 **비** 예도 **례** 말 **물** 볼 **시**   아닐 **비** 예도 **례** 말 **물** 들을 **청**

예가 아니면 보지 말고,   예가 아니면 듣지 말라.

 생각해 보기

우리가 보고 듣는 것은 머릿속에 저장되기 때문에 계속 생각날 수 있어요. 흔히 '수능 금지곡'이라고 하는 중독성 강한 노래를 들으면 그 노래가 계속 생각나요. 어느 순간 나도 모르게 따라 부르고 있는 나를 발견하기도 하죠. 동영상에서 인상 깊은 장면을 보면 내가 떠올리지 않아도 그 장면이 저절로 생각나기도 해요. 기억 속에서 사라진 것 같아도 무의식에 저장되어 있어서 우리에게 영향을 끼칠 수 있죠. 예가 아니고 옳지 않은 것은 보지 않고 듣지 않기로 해요. 좋은 것만 보고 듣기에도 우리의 시간은 부족하니까요.

 사자소학 써보기

非	禮	勿	視	非	禮	勿	聽
아닐 비	예도 례	말 물	볼 시	아닐 비	예도 례	말 물	들을 청
아닐 비	예도 례	말 물	볼 시	아닐 비	예도 례	말 물	들을 청

非 禮 勿 視
비 례 물 시

錯 視
어긋날 착 볼 시

낭떠러지가 아닌 곳을 낭떠러지처럼 보이게 하고, 평지를 울퉁불퉁해 보이게 하는 **착시**를 이용한 작품은 우리의 눈을 즐겁게 해줘요. **착시 錯視**란 '어떤 것을 착각해서 잘못 본 현상'을 말해요. **착각 錯覺**은 '어떤 사물이나 사실을 실제와 다르게 알거나 잘못 생각하는 것'을 말하죠. '**착각**해서 잘못을 저지르는 것'은 **착오 錯誤**라고 해요.

단어 **착각 錯覺** 어긋날 착, 깨달을 각 ┃ **착오 錯誤** 어긋날 착, 그르칠 오

虎 視 眈 眈
범 호 볼 시 노려볼 탐 노려볼 탐

호시탐탐 虎視眈眈은 '호랑이가 눈을 부릅뜨고 먹잇감을 노려본다'는 뜻으로, '남의 것을 빼앗으려고 시도 때도 없이 기회를 엿보는 것'을 말해요.
다른 나라가 **호시탐탐** 우리나라를 쳐들어오려고 할 때, 선조들은 매의 눈으로 **감시**하고 죽을 각오로 싸우셨을 거예요. **감시 監視**는 '어떤 일이 생기지 않도록 주의 깊게 지켜보는 것'을 말해요.

단어 **감시 監視** 볼 감, 볼 시

非 禮 勿 聽
비 례 물 청

傾 聽
기울 경　들을 청

경청 傾聽은 '다른 사람의 말에 귀를 기울이고 열심히 듣는 것'입니다.

傾(기울 경)은 '비스듬하게 한쪽으로 쏠리는 것, 마음이나 생각이 한쪽으로 쏠리는 것'을 모두 표현할 수 있는 한자예요. '비스듬하게 기울어진 것'을 나타내는 **경사 傾斜**, '마음이나 상황·일의 형편이 한쪽으로 향해 기울어진 것'을 말하는 **경향 傾向**은 傾(기울 경)이 사용된 대표적인 단어입니다.

> **단어** **경사 傾斜** 기울 경, 비낄 사 ┃ **경향 傾向** 기울 경, 향할 향

聽 者
들을 청　사람 자

말을 하는 사람이 있어야 듣는 사람도 있겠죠? '말하는 사람'은 **화자 話者**, '듣는 사람'은 **청자 聽者**라고 해요.

聽(들을 청)을 활용한 단어로 '연설·강연·설교 등을 들으려고 모인 무리'라는 뜻의 **청중 聽衆**, '의견·방송·노래 등을 듣는 것'을 말하는 **청취 聽取**, '공개 방송·재판·회의 등을 구경한다'는 의미의 **방청 傍聽** 등이 있어요.

> **단어** **화자 話者** 말씀 화, 사람 자 ┃ **청중 聽衆** 들을 청, 무리 중
> **청취 聽取** 들을 청, 가질 취 ┃ **방청 傍聽** 곁 방, 들을 청

보기

호시탐탐 虎視眈眈

주시 注視

착시 錯視

① 어떤 것을 주의 깊게 살펴 보는 것

② 어떤 것을 착각해서 잘못 본 현상

③ 호랑이가 눈을 부릅 뜨고 먹잇감을 노려본다는 의미의 성어. 남의 것을 빼앗으려고 시도 때도 없이 기회를 엿보는 것

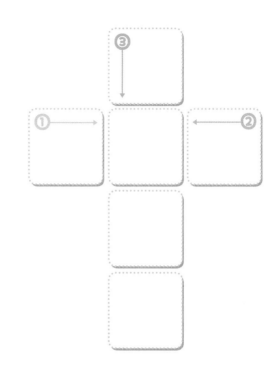

보기

청자 聽者

경청 傾聽

도청도설 道聽道說

④ 다른 사람의 말에 귀 기울이고 열심히 듣는 것

⑤ 듣는 사람

⑥ 길에서 들은 것을 길에서 말하다. 길거리에 떠돌아다니는 근거 없는 소문이라는 뜻의 성어

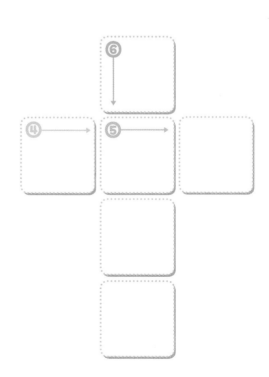

武 力
무술 무　힘 력

의미

무기나 군사의 힘, 난폭하게 위협하는데 사용하는 힘

예문

- 중동에서 **무력**충돌이 일어나 기름 값이 폭등했다.

- 시위대를 **무력**으로 탄압하는 군인들의 모습이 SNS를 통해 전세계로 생중계 되었다.

無 力
없을 무　힘 력

의미

힘이 없음

예문

- 자연의 위대함 앞에서 나는 인간의 **무력**함을 느꼈다.

- 선수가 한 명 퇴장 당했지만 우리팀은 **무력**하게 지지 않았다.

비 례 물 언 비 례 물 동
非禮勿言 非禮勿動

예가 아니면 말하지 말고, 예가 아니면 움직이지 말라.

오늘의 사자소학

非禮勿言　非禮勿動

아닐 **비**　예도 **례**　말 **물**　말씀 **언**　　아닐 **비**　예도 **례**　말 **물**　움직일 **동**

예가 아니면 말하지 말고,　　　　예가 아니면 움직이지 말라.

 생각해 보기

말에는 힘이 있어요. 내가 하는 말로 다른 사람이 살아나기도 하고, 내가 하는 말이 다른 사람의 마음을 죽일 수도 있어요. 이것은 나에게도 적용이 돼요. 내가 하는 말을 가장 처음 듣는 사람이 바로 나이기 때문이죠. 내가 나에게 하는 말로 인해 나는 더 좋은 사람이 될 수도 있고, 형편없는 사람이 될 수도 있어요. 옛 **성현**들께서 '예가 아니면 말하지 말라'고 말씀하셨죠. 다른 사람에게, 또 세상에서 가장 소중한 나에게도 예가 아닌 것은 말하지 않기로 해요. **성현 聖賢**은 덕과 지혜가 뛰어나서 사람들이 존경하고 우러러보는 사람이에요.

 사자소학 써보기

非	禮	勿	言	非	禮	勿	動
아닐 비	예도 례	말 물	말씀 언	아닐 비	예도 례	말 물	움직일 동
아닐 비	예도 례	말 물	말씀 언	아닐 비	예도 례	말 물	움직일 동

非 禮 勿 言
비 례 물 언

言 約
말씀 **언** 맺을 **약**

언약 言約은 '말로 약속하는 것, 말로 한 약속'을 말해요. '약속'을 뜻하는 여러 가지 단어가 있어요. '나라와 나라 사이에 맺은 약속'은 **조약 條約**, '먼저 한 약속'은 **선약 先約**이라고 해요. 선거철이 되면 **공약**이라는 말을 많이 듣게 되는데요, **공약 公約**은 '선거에 후보로 나온 사람이 뽑히고 나서 실천하겠다고 여러 사람 앞에서 한 약속'을 말해요.

단어 **조약 條約** 조목 조, 맺을 약 ┃ **선약 先約** 먼저 선, 맺을 약
공약 公約 여럿 공, 맺을 약

言 行
말씀 **언** 행할 **행**

언행 言行은 '말과 행동'이라는 뜻입니다. 나의 말과 행동이 바로 나 자체이기 때문에 **언행**을 늘 조심해야 해요. '말과 행동이 같은 것'을 **언행일치 言行一致**라고 하는데, 우리가 갖춰야 할 덕목 중 하나예요. '어떤 일을 하겠다고 널리 알리는 것'을 **선언 宣言**이라고 하죠. 다른 사람 앞에서 **선언**하면 혼자 생각하고 행동하는 것보다 훨씬 더 잘 지킬 수 있어요. 나는 **언행일치**의 사람이라고 **선언**해봅시다.

단어 **일치 一致** 한 일, 이를 치 ┃ **선언 宣言** 베풀 선, 말씀 언

동산 動産은 '돈, 보석 등 가지고 다닐 수 있거나 옮기는 것이 가능한 **재산**'을 말해요.
재산 財産은 '돈, 건물, 땅 같이 돈의 가치가 있는 것'을 말하고요.
그렇다면 '옮길 수 없어서 도둑맞을 염려가 없는 **재산**'은 무엇이라 말할까요? 바로 **부동산**
不動産이에요. 땅이나 집, 건물 등이 이에 해당돼요.

> **단어** **재산** 財産 재물 재, 재물 산 | **부동산** 不動産 아닐 부, 움직일 동, 재물 산

확고부동 確固不動은 '마음이나 상황이 쉽게 흔들리거나 변하지 않고 굳은 것'을 의미해
요. **요지부동** 搖之不動은 '흔들어도 꿈적 하지 않음'을 나타내는데, 굳게 변하지 않는 모
습뿐만 아니라 고집스럽게 자신의 입장이나 의견, 태도를 바꾸지 않는 모습을 표현할 때 사
용해요.

> **단어** **요지부동** 搖之不動 흔들 요, 이것, 그것 지, 아닐 부, 움직일 동

보기

언약 言約
언행 言行
호언장담 豪言壯談

① 말과 행동

② 말로 약속하는 것, 혹은 말로 한 약속

③ 자기의 능력이나 분수를 넘어서는 말을 자신 있게 떠벌림을 나타내는 성어

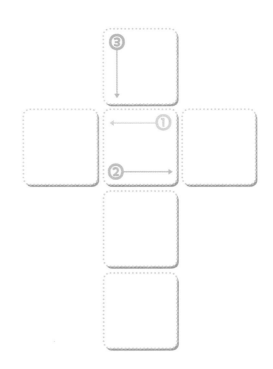

보기

동산 動産
확고부동 確固不動
활동 活動

④ 어떤 일을 하기 위해 몸을 움직이는 것, 어떤 일을 힘써서 하는 것

⑤ 돈, 보석 등 가지고 다닐 수 있거나 옮기는 것이 가능한 재산

⑥ 뜻, 마음이나 상황이 쉽게 흔들리거나 변하지 않고 굳음을 의미하는 성어

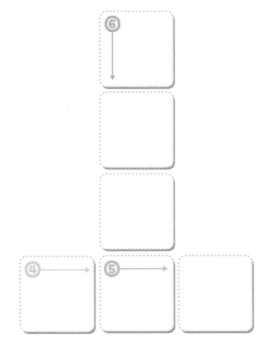

動 搖
움직일 동   흔들 요

의미

어떤 것이 움직이고 흔들림, 마음·생각·
처지가 굳건하지 못하고 흔들림

예문

• 근거 없는 소문에 **동요**되지 않고
나는 나의 할 일을 하려고 한다.

• 난기류로 비행기가 심하게 흔들리
자 승객들의 **동요**를 막기 위해 승무
원은 침착하게 안내 방송을 했다.

童 謠
아이 동   노래 요

의미

어린이를 위한 가사와 운율로 어린이가
부르기 쉽게 만든 노래

예문

• **동요**를 부르는 어린이의 목소리가
꾀꼬리 같다.

• 창작**동요**제에서 최우수상을 수상했
던 어린이가 가수로 데뷔했다.

행 필 정 직 언 즉 신 실
行必正直 言卽信實

행동은 반드시 바르고 곧아야 하고, 말은 믿을 만하고 진실해야 한다.

오늘의 사자소학

行 必 正 直　言 卽 信 實

행할 **행**　반드시 **필**　바를 **정**　곧을 **직**　　말씀 **언**　곧 **즉**　믿을 **신**　참될 **실**

행동은 반드시 바르고 곧아야 하고,　　말은 믿을 만하고 진실해야 한다.

 **생각해 보기**

말과 행동이 바로 그 사람이라는 말이 있어요. 그 사람이 하는 말과 행동이 그 사람이 어떤 사람인지를 보여준다는 것이죠. 보여지는 것이 나의 전부는 아니지만, 나의 성품은 말과 행동으로 표현되는 것이니까요.

거친 말, 바르지 않은 말, 옳지 않은 행동은 나의 인격과 나의 귀중함을 갉아먹을 뿐이에요.

말하고 행동 하기 전에 다시 한번 생각해 보는 하루를 보내 볼까요?

 사자소학 써보기

行	必	正	直	言	卽	信	實
행할 행	반드시 필	바를 정	곧을 직	말씀 언	곧 즉	믿을 신	참될 실
행할 행	반드시 필	바를 정	곧을 직	말씀 언	곧 즉	믿을 신	참될 실

旅 行
나그네 려/여   다닐 행

行(행)은 '다니다, 가다, 하다'라는 뜻이 있어요.
여행 旅行은 '나그네처럼 여기저기 다니는 것'으로, 이것저것 구경하기 위해 다른 지역이나 나라로 가는 것을 말해요. '**여행**하는데 드는 비용'은 **여비 旅費**라고 하고, 다른 말로 **노자 路資**라고도 해요. '**여행**의 과정이나 일정'은 **여정 旅程**이라고 하죠. **여행**을 계획할 때 **여비**는 얼마나 필요한지 며칠 **여정**으로 **여행**을 할지 계획을 세워야 해요.

단어   **여비 旅費** 나그네 려/여, 쓸 비 **ㅣ 노자 路資** 길 로/노, 재물 자
여정 旅程 나그네 려/여, 길 정

直 行
곧을 직   다닐 행

직행 直行은 '버스나 열차가 중간에 다른 곳을 거치지 않고 바로 가는 것'을 말해요.
급행 急行은 '버스나 열차가 모든 역에 다 정차하지 않고 큰 역에만 서면서 빠르게 운행'하는 거예요. 반대로 '모든 역에 다 서면서 느리게 가는 것'은 **완행 緩行**이라고 해요. '자동차나 열차가 천천히 가는 것'은 **서행 徐行**이라고 합니다.

단어   **급행 急行** 급할 급, 다닐 행 **ㅣ 완행 緩行** 느릴 완, 다닐 행
서행 徐行 천천히 할 서, 다닐 행

言 即 信 實
언 즉 신 실

果 實
실과 과   열매 실

과실 過失은 '잘못이나 허물'이라는 뜻이고, **과실** 果實은 '먹을 수 있는 나무의 열매, 과일'을 말해요. **과수원** 果樹園의 **과수** 果樹는 '열매를 얻기 위해 가꾸는 나무'를 말하고 **과실**수라고도 해요.

여러분은 **무화과**를 좋아하나요? **무화과** 無花果는 '꽃이 없는 열매'라는 뜻의 이름처럼 꽃이 피지 않고 바로 열매를 맺어요.

> **단어** **과실** 過失 허물 과, 잘못할 실 | **과수원** 果樹園 열매 과, 나무 수, 동산 원
> **무화과** 無花果 없을 무, 꽃 화, 열매 과

有 名 無 實
있을 유   이름 명   없을 무   실제 실

實(**실**)에는 '열매, 실제, 참되다, 속이 꽉 차다' 등의 뜻이 있어요.

유명무실 有名無實은 '이름은 있지만 실제는 없다'는 뜻으로, '명성은 높지만 실속이 없다'는 의미예요. 비슷한 속담으로는 '빛 좋은 개살구'가 있어요.

유명무실과 반대로 '이름과 명성에 걸맞는 실력과 품질을 가지고 있는 것, 겉과 속이 같다'는 의미의 성어로 **명실상부** 名實相符가 있어요.

> **단어** **명실상부** 名實相符 이름 명, 실제 실, 서로 상, 부합할 부

보기

금의야행 錦衣夜行
직행 直行
여행 旅行

① 이것저것 구경하기 위해 다른 지역이나 나라로 가는 것

② 버스나 열차가 중간에 다른 곳을 거치지 않고 바로 가는 것

③ 비단 옷을 입고 밤에 다닌다는 뜻, 아무도 알아주지 않는 보람이 없는 행동을 한다는 의미의 성어

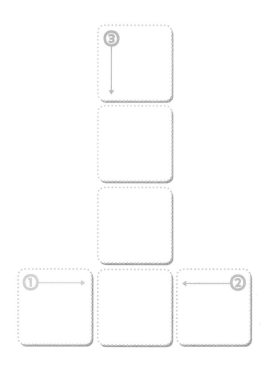

보기

결실 結實
과실 果實
유명무실 有名無實

④ 먹을 수 있는 나무의 열매, 과일

⑤ 나무가 열매를 맺는 것, 일해서 얻은 좋은 결과

⑥ 이름은 있지만 열매는 없다는 뜻으로, 명성은 높지만 실속이 없다는 의미의 성어

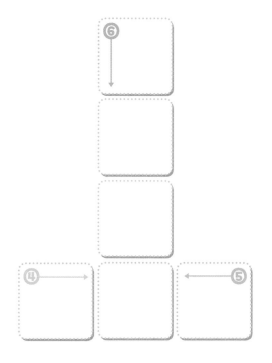

동음이의어 발음은 같지만 뜻이 다른 글자를 소개합니다.

劇 團
연극 극　모일 단

의미

전문적으로 연극을 하려고 모인 단체

예문

- 청소년 뮤지컬**극단**의 단원 모집에 많은 인원이 몰렸다.

- **극단** 대표에게 발탁되었던 배우는 10년의 무명 기간을 거치고 나서야 대중에게 알려지기 시작했다.

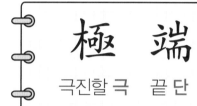

極 端
극진할 극　끝 단

의미

생각이나 행동이 한쪽 끝에 치우침

어느 곳으로도 더 나갈 수 없을 만큼 끝까지 감

예문

- 멸종 생물 복제에 대한 의견이 양**극단**으로 나누어졌다.

- 치료 과정에서 행복과 절망의 **극단**을 오가면서도, 환자와 가족들은 희망을 잃지 않으려고 안간힘을 썼다.

35강

작 사 모 시 출 언 고 행
作事謀始 出言顧行

일을 할 때는 시작을 잘 계획하고, 말을 뱉을 때는 행할 것을 돌아보라.

오늘의 사자소학

作 事 謀 始   出 言 顧 行

지을 **작**　일 **사**　꾀 **모**　시작 **시**　　날 **출**　말씀 **언**　돌아볼 **고**　행할 **행**

일을 할 때는 시작을 잘 계획하고,　　　말을 뱉을 때는 행할 것을 돌아보라.

 생각해 보기

시작이 반이라는 말이 있어요. 어떤 일이든 시작하기가 힘들지 일단 시작하면 이미 절반은 이룬 것이나 다름없다는 뜻이죠. 일을 할 때 계획 없이 무작정 시작 하는 것도, 계획만 하다가 시작하지 못하는 것도 좋은 방법이라고 할 수 없어요. 처음 하는 일이라 낯설고 두렵더라도, 계획을 잘 세워보고 용기를 내어 첫 발을 내디디면 생각보다 일이 수월하게 진행되는 것을 볼 수 있어요. 실수하면 또다 시 시도하면 되니까 겁내지 말고 잘 계획하고 또 용기를 내어 시작해 보세요!

 사자소학 써보기

作	事	謀	始	出	言	顧	行
지을 작	일 사	꾀 모	시작 시	날 출	말씀 언	돌아볼 고	행할 행
지을 작	일 사	꾀 모	시작 시	날 출	말씀 언	돌아볼 고	행할 행

作 작　事 사　謀 모　始 시

耕 밭갈 **경**　作 지을 **작**

인류는 아주 긴 세월 동안 **농경**사회를 이루고 살아왔어요. **농경 農耕**은 '논밭을 갈아 농사 짓는다'는 뜻이고, **경작 耕作**은 '땅을 갈아 농사짓는 것'이에요.

자기 소유의 농사지을 땅이 없었던 농민들은 **소작**을 했는데요, '남의 논밭을 빌려 농사 짓는 것'을 **소작 小作**이라고 하고, '**소작**료를 내며 농사짓는 농민'을 **소작농 小作農**이 라고 해요.

> 단어　**농경 農耕** 농사 농, 밭갈 경 ┃ **소작농 小作農** 작을 소, 지을 작, 농사 농

作 지을 **작**　心 마음 **심**　三 석 **삼**　日 날 **일**

작심삼일 作心三日은 '마음먹은 것이 사흘(3일)을 넘기지 못함'을 말해요. **연말연시 年 末年始**에는 계획을 세우는 사람들이 많아요. 새해를 알차게 잘 지내고 싶은 마음이 크기 때문이죠. **연말연시**는 '한 해의 마지막과 한 해의 시작을 아우르는 말'이에요. 알찬 한 해를 보내려면 우리 모두에게는 매일의 작은 성공이 필요해요. 매일 마음먹고 매일 작은 성공을 이루어 보아요.

> 단어　**연말 年末** 해 년/연, 끝 말 ┃ **연시 年始** 해 년/연, 시작 시

出 言 顧 行
출 언 고 행

回 顧
돌아올 회 돌아볼 고

달팽이 집처럼 생긴 한자 回(회)는 '돌아오다, 돌다, 돌이키다' 등의 뜻을 나타내고 1회, 2회
등 횟수를 셀 때도 사용해요.

회고 回顧는 '지나간 일을 돌아보고 생각하는 것'으로, '회고하며 적은 기록'은 **회고록 回顧錄**이라고 해요. **회고**와 비슷한 말로 **회상 回想**이 있어요. 回(회)가 들어간 단어 중 가장
반가운 단어는 '다시 살아난다는 뜻'을 가진 **회생 回生**이지 않을까요?

단어 **회고록 回顧錄** 돌아올 회, 돌아볼 고, 기록할 록
회상 回想 돌아올 회, 생각 상 | **회생 回生** 돌아올 회, 날 생

三 顧 草 廬
석 삼 돌아볼 고 풀 초 오두막 려

유비가 제갈량이라는 지혜로운 사람을 자신의 **책사**로 모시기 위해 세 번 찾아갔다는 이야기
가 삼국지에 나와요. 이 이야기에서 **삼고초려 三顧草廬**라는 성어가 유래되었어요. '인재
를 얻기 위해 참을성 있게 노력하는 것'을 말하죠.

책사 策士는 '남을 도와서 일을 잘 해결할 수 있는 좋은 방법이나 수단을 생각해 내는 사람'
이에요.

단어 **책사 策士** 꾀 책, 선비 사

보기

경작 耕作
작심삼일 作心三日
작가 作家

① 문학 작품, 사진, 미술 작품 같은
예술품을 창작하는 사람

② 땅을 갈아 농사 짓는 것

③ 마음먹은 것이 사흘(3일)을 넘기
지 못함을 나타내는 성어

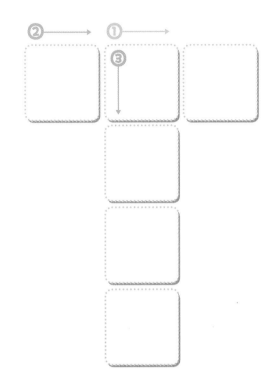

보기

삼고초려 三顧草廬
고문 顧問
회고 回顧

④ 회사나 기관에서 전문 지식과 풍
부한 경험으로 자문에 대한 도움
말을 주는 사람, 이런 일을 맡아
보는 자리

⑤ 지나간 일을 돌아보고 생각함

⑥ 인재를 얻기 위해 참을성 있게 노
력함을 의미하는 성어

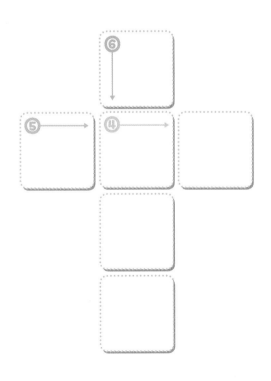

古 文
옛 고   글월 문

拷 問
칠 고   물을 문

의미

옛 글, 갑오개혁 이전에 쓴 예전의 글

의미

어떤 사실을 알아내려고 몸이나 마음을 아프게 괴롭히는 것

예문

• 지혜로운 옛 어른들의 가르침이 담긴 **고문**을 읽는 것은 의미 있는 일이다.

• 어린이가 **고문**을 읽고 해석해낼 수 있다는 것이 놀랍다.

예문

• 유관순 열사가 받으신 **고문**에 대해 듣는데 나도 모르게 눈물이 흘렀다.

• 서대문 형무소에서 **고문** 도구를 보자마자 온몸에 소름이 돋았다.

36강

덕 업 상 권 과 실 상 규
德業相勸 過失相規

덕 있는 일은 서로 권하고, 허물과 잘못은 서로 바로잡으라.

휘릭!

와 다 다 와 다 다 다

휘릭!

예나야, 다음 번에는 네가 신발 정리하기!

응?

우진아, 다음 번에는 네가 물통이랑 컵 씻기!

쏴아~

며 칠 후 · · ·

착

척

쏴아~

덕업상권, 과실상규! 난 권하기만 했는데 아주 편하고만~

오늘의 사자소학

德 業 相 勸   過 失 相 規

덕 **덕**   일 **업**   서로 **상**   권할 **권**   허물 **과**   잘못할 **실**   서로 **상**   바로잡을 **규**

덕 있는 일은 서로 권하고,   허물과 잘못은 서로 바로잡으라.

 생각해 보기

'덕이 있는 일'이란 '바람직한 일, 착한 일'이라고 할 수 있어요. 인터넷에 착한 일을 한 사람의 이야기가 올라오면, 사람들이 착한 일을 한 그 사람을 칭찬하고 격려하죠. 선행을 한 사람이 어려움에 처한 사람이라면 물질적인 도움을 주기도 하고, 가게의 사장님이라면 가서 물건을 많이 사주기도 해요. 이렇게 좋은 일을 서로 권하는 것은 우리 사회를 더 살기 좋게 만들어요. 서로의 허물과 실수를 보면 비난하기보다는 고칠 수 있도록 타이르고 올바른 길로 안내하는 것, 이것이 아름다운 세상을 만드는데 밑거름이 될 거예요.

 사자소학 써보기

德	業	相	勸	過	失	相	規
덕 덕	일 업	서로 상	권할 권	허물 과	잘못할 실	서로 상	바로잡을 규
덕 덕	일 업	서로 상	권할 권	허물 과	잘못할 실	서로 상	바로잡을 규

德 業 相 勸
덕 업 상 권

相 從
서로 **상**   좇을 **종**

從(종)은 '좇다, 따르다' 등의 의미를 가진 한자예요. **상종 相從**은 '서로 따르며 친하게 지낸 다'는 뜻이죠. '끼리 끼리 논다'라고 말할 때 **類**(무리 **류/유**)를 써서 **유유상종 類類相從**이 라고 말해요.

추종 追從은 '다른 사람을 좇아 따르는 것'이에요. '옳고 그름을 따지지 않고 덮어놓고 따르 는 것'은 **맹종 盲從**이라고 해요.

 추종 追從 따를 추, 좇을 종 ㅣ **맹종 盲從** 눈멀 맹, 좇을 종

相 扶 相 助
서로 **상**   도울 **부**   서로 **상**   도울 **조**

상부상조 相扶相助는 '서로 서로 돕는다'는 의미예요. 옛날 우리 조상들은 농번기에 마을 에서 두레를 조직하여 상부상조했어요. 서로가 서로에게 조력자가 되어주었죠.

농번기 農繁期는 '농사일이 바쁜 시기'를 말해요. **조력 助力**은 '힘써서 도와주는 것'이고, **조력자 助力者**는 '도와주는 사람'이에요.

단어 **농번기 農繁期** 농사 농, 번성할 번, 때 기
조력자 助力者 도울 조, 힘 력, 사람 자

실패 失敗는 '일을 그르치거나 이루려던 일을 잘못해서 뜻대로 되지 않은 것'을 말해요. '운동 경기나 싸움에서 크게 지거나, 하던 일을 크게 **실패**한다'는 의미의 **대패 大敗**, '운동 경기에서 연속해서 진다'는 의미의 **연패 連敗**는 **失**(잘못할 **실**)을 사용한 대표적인 글자예요. **失**(실)은 '잘못하다'라는 뜻 외에도 '잃다', '잃어버리다'라는 뜻으로도 자주 사용해요.

> **단어**　**대패 大敗** 큰 대, 패할 패 ┃ **연패 連敗** 잇닿을 련/연, 패할 패

실망 失望은 '일이 뜻대로 되지 않아서 속상하고 마음이 상하는 것'이고, **절망 絶望**은 '희망이 없는 상태, 희망이 끊어진 것'을 말해요.

소망 所望은 '바라는 바, 기대하는 바'를 뜻하고, **희망 希望**은 '어떤 일을 이루거나 얻기를 바라는 것, 앞으로 잘 될 수 있는 가능성'을 말해요. **실망**과 **절망**의 상황에 주저앉아 있지 말고 언제나 **소망**과 **희망**을 마음에 품을 수 있길 바라요.

> **단어**　**절망 絶望** 끊을 절, 바랄 망 ┃ **소망 所望** 바 소, 바랄 망
> **희망 希望** 바랄 희, 바랄 망

보기

상부상조 相扶相助
상종 相從
상대 相對

① 서로 따르며 친하게 지냄

② 서로 마주 대하는 행위, 또는 마주 대하는 대상, 서로 겨루는 것, 겨루는 대상

③ 서로 서로 돕는다는 뜻의 성어

보기

실망 失望
실패 失敗
소탐대실 小貪大失

④ 일을 그르치거나 이루려던 일을 잘못해서 뜻대로 되지 않음

⑤ 작은 것을 탐하다가 오히려 큰 것을 잃음을 의미하는 성어

⑥ 일이 뜻대로 되지 않아서 속상하고 마음이 상함

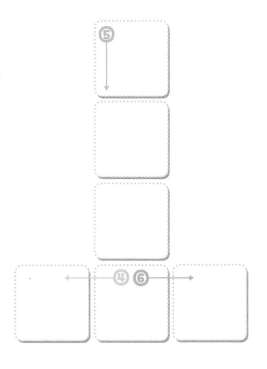

消 失
사라질 소   잃을 실

의미

어떤 것을 잃는 것, 어떤 것이 사라지거나 없어지는 것

예문

• 장시간 이어폰을 사용하면 청력이 소실될 수 있다.

• 회의록이 소실되었다는 소식이 속보로 전해졌다.

燒 失
불사를 소   잃을 실

의미

불에 타서 사라짐

예문

• 이번 산불로 문화재 여러 점이 **소실**되었다.

• 이번 불로 인명 피해는 없었으나, 집과 창고가 소실되었다.

37강

손 인 리 기 종 시 자 해
損人利己 終是自害

다른 사람을 손해보게 하고 자신을 이롭게 하면,
결국 이것은 자신을 해하는 것이다.

오늘의 사자소학

損人利己　終是自害

덜 **손**　사람 **인**　이로울 **리**　자기 **기**　　마칠 **종**　이 **시**　스스로 **자**　해할 **해**

다른 사람을 손해보게 하고 자신을 이롭게 하면,　　결국 이것은 자신을 해하는 것이다.

 생각해 보기

새치기를 하거나 속이는 등 다른 사람에게 해를 끼치면서까지 나의 유익을 구하는 사람이 있어요. 남을 해치는 행동으로 얻은 이익은 잠깐은 좋아 보일 수 있어도 결국은 자기 자신을 해쳐요. 속임수와 나쁜 행동이 다른 사람에게 들키지 않았다고 하더라도 나 자신은 나의 잘못을 알고 있으니까요.

내가 조금 손해보는 것 같고, 뒤쳐지는 것 같더라도 나에게 떳떳하고 정직하게 바른 길을 가는 것이 나에게 이득이에요.

 사자소학 써보기

損	人	利	己	終	是	自	害
덜 손	사람 인	이로울 리	자기 기	마칠 종	이 시	스스로 자	해할 해
덜 손	사람 인	이로울 리	자기 기	마칠 종	이 시	스스로 자	해할 해

어휘 확장! 사자소학에 나왔던 한자가 쓰인 어휘를 더 알아볼까요?

損 人 (利) 己
손 인 리 기

利 他
이로울 **리/이** 다를 **타**

이타 利他는 '다른 사람의 이익을 자신의 이익보다 먼저 생각하는 것'이고, 이러한 마음을 **이타심** 利他心이라고 해요.

이타의 반대말은 **이기** 利己로 '자신의 이익만을 위한다'는 뜻이고, 이러한 마음을 **이기심** 利己心이라고 하죠. 他(**타**)는 '다른 사람'을, 己(**기**)는 '자기 자신'을 가리켜요.

 이타심 利他心 이로울 리/이, 다를 타, 마음 심
이기 利己 이로울 리/이, 자기 기

勝 利
이길 **승** 이로울 **리**

승리 勝利란 '**승부**를 겨루는 시합 · 게임 · 전쟁 등에서 상대방과 싸워 이기는 것'을 말해요.

승부 勝負는 '이기는 것과 지는 것'이에요. 負(**부**)는 '짐을 지다, 빚을 지다'라는 의미 외에도 '패하다, 부상을 당하다'라는 뜻도 있어요.

역전승을 거두는 것이 가장 짜릿한 **승리**일 수도 있는데, **역전승** 逆轉勝은 '지고 있다가 나중에 거꾸로 **승부**가 바뀌어 이기는 것'을 말해요.

단어 **승부** 勝負 이길 승, 질 부 ┃ **역전승** 逆轉勝 거스를 역, 구를 전, 이길 승

終 是 自 害
종 시 자 해

終 戰
마칠 종 싸움 전

'전쟁이 끝나는 것'을 **종전 終戰**이라고 해요. 우리나라는 전쟁을 멈춘 기간이 길지만, **종전** 국가가 아니라 '전쟁을 쉬고 있는' **휴전 休戰** 국가입니다.

코로나 상황에서 하루 빨리 듣고 싶었던 단어가 있어요. 바로 **종식**인데요, **종식 終熄**은 '한 때 한창 일어나던 현상이나 일이 끝나거나 없어지는 것'을 말해요.

단어 **휴전 休戰** 쉴 휴, 싸움 전 ｜ **종식 終熄** 마칠 종, 불 꺼질 식

始 終 一 貫
시작 시 마칠 종 한 일 꿸 관

시종일관 始終一貫은 '처음부터 끝까지 하나로 꿰뚫는다'라는 뜻으로, 어떠한 일을 할 때 하나의 방법 · 태도 · 자세 등을 가지고 처음부터 끝까지 한결같이 유지하는 것을 말해요.

일관 一貫이라고만 해도 같은 뜻을 나타낼 수 있어요. '처음 세운 뜻이나 마음 먹은 것을 끝까지 이어 나가는 것'은 **초지일관 初志一貫**이라고 해요.

단어 **초지일관 初志一貫** 처음 초, 뜻 지, 한 일, 꿸 관

보기

승리 勝利
어부지리 漁父之利
이타 利他

① 어부의 이익, 둘이 싸우는 덕에 제 3자가 엉뚱하게 이익을 본다는 의미의 성어

② 승부를 겨루는 시합·게임·전쟁 등에서 상대방과 싸워 이김

③ 다른 사람의 이익을 자신의 이익보다 먼저 생각함

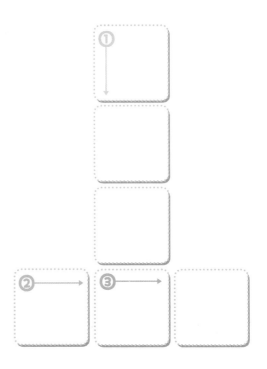

보기

종전 終戰
종업 終業
시종일관 始終一貫

④ '일을 마치다'라는 뜻으로, 학교에서 정해 놓은 기간 동안의 수업을 다 마침

⑤ 처음부터 끝까지 하나로 꿰뚫는다는 뜻으로, 처음부터 끝까지 한결같이 유지함을 의미하는 성어

⑥ 전쟁이 끝남

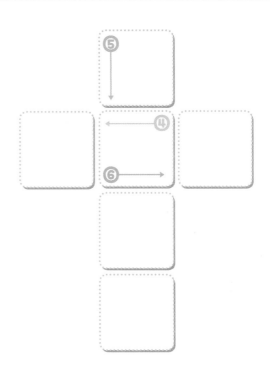

동음이의어 발음은 같지만 뜻이 다른 글자를 소개합니다.

古 典
옛 고   책 전

의미

아주 먼 옛날에 쓰여져 지금까지 전해져 오는, 많은 사람들에게 널리 읽힌 뛰어난 문학 작품

예문

• 내가 가장 좋아하는 우리나라 **고전** 소설은 〈장화홍련전〉이다.

• 〈숙영낭자전〉을 읽으며 **고전** 문학 작품은 어렵고 지루하다는 편견이 없어졌다.

苦 戰
쓸 고   싸움 전

의미

싸움이나 경기에서 죽을 힘을 다해서 싸우는 어려운 싸움

예문

• 쉽게 이길 줄 알았던 경기에서 **고전**을 면치 못했다.

• 감독님이 계시지 않아 **고전**을 거듭했던 팀이 드디어 승리를 거두었다.

38강

화 복 무 문 유 인 소 소
禍福無門 惟人所召

재앙과 복은 문이 없다. 오직 사람이 불러들이는 것일 뿐이다.

오늘의 사자소학

禍 福 無 門　惟 人 所 召

재앙 **화**　복 **복**　없을 **무**　문 **문**　　오직 **유**　사람 **인**　바 **소**　부를 **소**

재앙과 복은 문이 없다.　　　오직 사람이 불러들이는 것일 뿐이다.

 생각해 보기

우리는 하루에도 수없이 많은 선택을 하며 살아요. 울리는 알람을 듣고 벌떡 일어날 것인가 아니면 5분 더 잘 것인가, 숙제를 먼저 할 것인가 아니면 게임을 먼저 할 것인가, 이 친구를 사귈 것인가 저 친구를 사귈 것인가. 인생은 끝없는 선택의 연속이라고 볼 수 있어요.

화와 복이 문이 없다는 것은 내가 하는 행동과 선택에 따라 화가 나에게 올 수도, 복이 나에게 올 수도 있다는 말이에요. 눈앞의 이익이나 나의 즐거움만을 위한 선택은 복을 불러오지 못할 수 있어요. 혹시 화가 나에게 왔다면, 절망하지 말아요. 전화위복, 새옹지마니까요!

 사자소학 써보기

禍	福	無	門	惟	人	所	召
재앙 화	복복	없을 무	문 문	오직유	사람 인	바 소	부를소
재앙 화	복복	없을 무	문 문	오직유	사람 인	바 소	부를소

유복 裕福은 '살림이 넉넉하다'는 뜻이에요. '**유복**한 가정', '**유복**한 환경' 등으로 자주 사용하죠. **부유 富裕**는 '재물이 넉넉함'을 나타내는 단어예요.

'쓰고도 넉넉하게 남는 것, 마음이나 태도가 너그럽고 느긋함'을 나타내고자 할 때는 **여유 餘裕**라는 단어를 사용할 수 있답니다.

 부유 富裕 부유할 부, 넉넉할 유 │ **여유 餘裕** 남을 여, 넉넉할 유

드라마나 소설에서 등장인물이 신세를 한탄하며 **박복**하다는 말을 하기도 해요. **박복 薄福**은 '복이 적거나 없어 불행하다'는 뜻이죠.

스포츠 경기 중계를 보면 **박빙**의 승부라는 표현이 나와요. **박빙 薄氷**은 원래 '얇은 얼음, 살얼음'이라는 뜻으로 '근소한 차이가 나는 것'을 말해요. 보통 승패를 가르는 경기나 선거 등에서 자주 사용해요.

 박빙 薄氷 엷을 박, 얼음 빙

惟 人 所 召
유 인 소 소

召 集
부를 소   모을 집

해외 리그에서 뛰고 있는 축구 선수들이 국가대표팀 **소집**에 응해 귀국하는 장면을 뉴스에서 종종 보게 됩니다. **소집 召集**은 '단체나 모임의 구성원들을 불러서 모으는 것'을 말해요. **소집**을 얘기할 때 자주 등장하는 단어로 '여러 사람이 한곳에 모인다'는 뜻의 **집합 集合**이 있어요. '여러 사람이 한곳에 빽빽하게 모여 있는 것'은 **밀집 密集**이라고 해요.

단어 **집합 集合** 모을 집, 합할 합 ∣ **밀집 密集** 빽빽할 밀, 모을 집

遠 禍 召 福
멀 원   재앙 화   부를 소   복 복

원화소복 遠禍召福은 '화를 멀리하고 복을 불러들인다'는 뜻이에요. **원화소복**은 모든 사람이 바라는 바일 거예요.

소문만복래 笑門萬福來라는 성어가 있어요. '웃는 문으로 모든 복이 들어온다'는 말이죠. 우리말 속담 '웃으면 복이 와요'라는 말과 딱 맞는 성어예요. 얼굴 찡그리지 말고 복을 불러오는 미소를 얼굴에 장착해 보세요.

단어 **소문만복래 笑門萬福來** 웃을 소, 문 문, 일만 만, 복 복, 올 래

연습문제 문제가 설명하는 단어를 〈보기〉에서 찾아 빈 칸을 채워주세요.

보기

전화위복 轉禍爲福
박복 薄福
유복 裕福

① 살림이 넉넉함

② 복이 적거나 없어서 불행함

③ 재앙이 바뀌어 복이 된다는 뜻의
성어

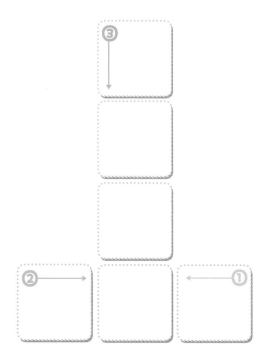

보기

소집 召集
원화소복 遠禍召福
소환 召喚

④ 화를 멀리하고 복을 불러들인다
는 의미의 성어

⑤ 법원에서 소환장을 보내 지정한
장소에 나오도록 부르는 일

⑥ 단체나 모임의 구성원들을 불러
서 모으는 것

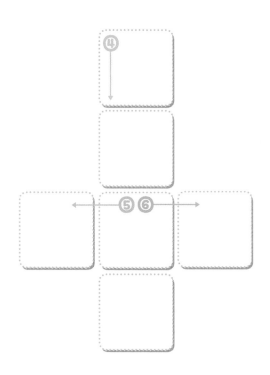

동음이의어 발음은 같지만 뜻이 다른 글자를 소개합니다.

負 傷
질 부   다칠 상

의미

몸을 다침

예문

• **부상**자 이송을 위해 소방당국은 사고 지역으로 헬기를 급히 보냈다.

• 운동하기 전에 충분히 몸을 풀어주면 **부상**을 방지할 수 있다.

副 賞
곁따를 부 상줄 상

의미

상장이나 상패와 함께 주는 물품이나 돈

예문

• 그는 처음 참가한 대회에서 **부상**으로 받은 상품을 20년 넘게 간직하고 있다.

• 1등 수상자에 대한 **부상**이 고가의 핸드폰이라는 소식에 대회에 참가하려는 청소년들이 몰려들고 있다.

선생님 강의 보기

39강

숙 흥 야 매 물 라 독 서
夙興夜寐 勿懶讀書

일찍 일어나고 늦게 자며, 책 읽기를 게을리하지 말라.

오전 6시

토요일인데 왜 그렇게 일찍 일어났니?

하암~

안녕히 주무셨어요~

숙흥야매, 물라독서니까요!

아웅~

부비적 부비적

오후 3시

얘들아! 들어가서 자!

물.. 라. 독..서...

꾸벅

꾸벅

꾸벅

밤 10시

얘들아! 얼른 자!

숙흥야매랬어요.

푹 자고 일어나야 책도 읽지. 책 내용이 기억이나 나려나?

켁

오늘의 사자소학

夙 興 夜 寐　勿 懶 讀 書

이를 **숙**　일어날 **흥**　밤 **야**　잘 **매**　　말 **물**　게으를 **라**　읽을 **독**　글 **서**

일찍 일어나고 늦게 자며,　　　　책 읽기를 게을리하지 말라.

 생각해 보기

학교 가는 날 아침에 일찍 일어나는 것은 쉽지 않지만, 소풍 가는 날, 수학여행 가는 날, 주말 아침에는 알람이 울리지도 않았는데 눈이 번쩍 떠지곤 합니다. 책이 재미있어서 조금 더 읽기 위해 늦게 잤던 경험, 뒷부분의 내용이 궁금해서 아침 일찍 일어난 경험이 있나요? 아직 이런 경험이 없다면 여러분의 인생 책을 아직 만나지 못했기 때문이에요. 밤에 늦게 잠들고, 아침에 일찍 눈뜨게 만드는, 나에게 딱 맞는 책을 꼭 만날 수 있길 바라요.

 사자소학 써보기

夙	興	夜	寐	勿	懶	讀	書
이를 숙	일어날 흥	밤 야	잘 매	말 물	게으를 라	읽을 독	글 서
이를 숙	일어날 흥	밤 야	잘 매	말 물	게으를 라	읽을 독	글 서

夙　興　夜　寐
숙　흥　야　매

復　興
다시 **부**　일어날 **흥**

부흥 復興은 '기운이나 세력이 약해졌거나 망한 것이 다시 일어나는 것'을 말해요. 고구려
와 백제가 신라에 멸망한 후 나라를 다시 일으키기 위해 **부흥**운동을 했어요.

'죽었다가 다시 살아나는 것, 사라졌던 것이 다시 살아나는 것'은 **부활 復活**이라 하죠. 復
(부)는 '원래 상태로 돌아온다'는 뜻의 단어 **회복 回復**에서처럼 '회복하다'라는 의미를 나타
낼 때는 '복'으로 읽어요.

> **단어**　**부활 復活** 다시 부, 살 활 ┃ **회복 回復** 돌아올 회, 회복할 복

興　味
일어날 **흥**　맛 **미**

흥미 興味는 '어떤 일이나 사물에 대해 특별한 관심이 일어나거나 재미를 느끼는 것'을 말
해요. **취미 趣味**는 '재미있게 느끼거나 좋아해서 시간이 날 때마다 하는 것'이죠. 내가 좋아
하는 것이 무엇인지 잘 알아가는 것도 우리가 해야 할 일이에요.

내가 **관심**있는 것이 무엇인지 나에게 질문을 해봐야 해요. **관심 關心**은 '어떤 것에 마음이
끌려 주의를 기울이는 것'을 말해요.

> **단어**　**취미 趣味** 뜻 취, 맛 미 ┃ **관심 關心** 관계할 관, 마음 심

勿 懶 讀 書
물 라 독 서

朗 讀
밝을 랑/낭 읽을 독

읽기의 방법을 표현하는 단어가 여러 가지 있어요. '소리를 내지 않고 속으로 읽는 것'은 **묵독 默讀**이라고 해요. 이와 반대로 '소리를 내서 읽는 것'은 **낭독 朗讀**이나 **음독 音讀**이라고 합니다. 여러분은 자신을 위해 소리 내서 책을 읽어본 적이 있나요? 해 본 사람만 안다는 **낭독**의 맛을 여러분도 느껴보면 좋겠어요.

단어　**묵독 默讀** 잠잠할 묵, 읽을 독 ｜ **음독 音讀** 소리 음, 읽을 독

輪 讀
바퀴 륜/윤 읽을 독

윤독 輪讀은 '여러 사람이 함께 같은 책이나 글을 돌아가며 읽는 것'으로, 바퀴가 돌아가는 것처럼 구성원들이 번갈아 가며 글을 읽는 것이죠.
'바퀴가 두 개 달린 오토바이와 자전거'를 말하는 **이륜차 二輪車**, '어떤 일이나 사건의 대체적인 이야기나 사물의 대강의 모습을 설명'하는 단어인 **윤곽 輪廓**에서도 **輪**(바퀴 륜/윤)을 사용해요.

단어　**이륜차 二輪車** 두 이, 바퀴 륜, 수레 차 ｜ **윤곽 輪廓** 바퀴 륜/윤, 둘레 곽

보기

부흥 復興
흥미 興味
흥진비래 興盡悲來

① 기운이나 세력이 약해졌거나 망한 것이 다시 일어남

② 기쁜 일이 다하면 슬픈 일이 온다는 뜻의 성어

③ 어떤 일이나 사물에 대해 특별한 관심이 일어나거나 재미를 느낌

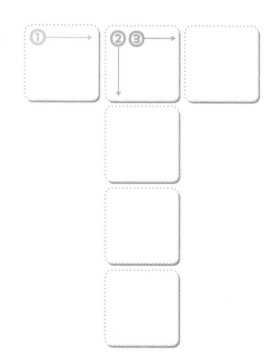

보기

낭독 朗讀
독서삼매 讀書三昧
윤독 輪讀

④ 책 읽는 것에 푹 빠져 있다는 뜻의 성어

⑤ 여러 사람이 함께 같은 책이나 글을 돌아가며 읽음

⑥ 소리 내서 책을 읽음

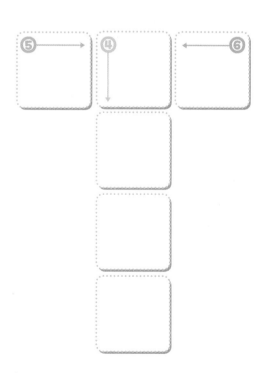

동음이의어 발음은 같지만 뜻이 다른 글자를 소개합니다.

解 毒
풀 해   독 독

의미

몸 안에 들어온 독이나 독성이 있는 성질을 없앰

예문

• 토마토, 브로콜리, 블루베리 등은 **해독**작용이 뛰어난 식재료로 알려져 있다.

• 뱀에 물린 후 바로 뱀의 사진을 찍어 둔 것이 뱀독을 **해독**하는데 큰 도움이 되었다.

解 讀
풀 해   읽을 독

의미

어려운 글을 읽어서 이해하고 해석함

기호, 암호 등의 뜻을 이해하여 풀어냄

예문

• 네가 쓴 글씨를 읽어내는 것은 거의 암호를 **해독**하는 수준이야.

• 동물의 움직임과 소리를 **해독**하려는 연구가 세계 곳곳에서 꾸준히 진행되고 있다.

40강

독 서 근 검 기 가 지 본

讀書勤儉 起家之本

책을 읽고 부지런하고 검소한 것은, 집안을 일으키는 근본이다.

오늘의 사자소학

讀 書 勤 儉   起 家 之 本

읽을 **독**　글 **서**　부지런할 **근**　검소할 **검**　　일어날 **기**　집 **가**　어조사 **지**　근본 **본**

책을 읽고 부지런하고 검소한 것은,　　　　집안을 일으키는 근본이다.

 생각해 보기

성공한 사람들에게 성공의 비결을 물으면 **동서고금**을 막론하고 '독서'와 '절약'을 이야기 해요. 조선의 세종대왕, 정조 임금님, 마이크로소프트의 창업주 빌게이츠, 주식 투자의 대가 워런 버핏 모두 독서광으로 알려져 있어요.

AI와 함께 살아갈 우리에게 상상력과 창의력이 꼭 필요해요. 상상력과 창의력은 동영상을 통해 얻는 단편적인 지식으로는 기르기가 힘들어요. 재미있는 책을 찾아 읽으며 상상력과 창의력도 함께 길러보기로 해요.

동서고금 東西古今은 '동양과 서양, 옛날과 지금'이라는 뜻으로, '모든 곳과 모든 시대'를 말해요.

 사자소학 써보기

讀 書 勤 儉 起 家 之 本

읽을 독	글 서	부지런할 근	검소할 검	일어날 기	집 가	어조사 지	근본 본
읽을 독	글 서	부지런할 근	검소할 검	일어날 기	집 가	어조사 지	근본 본

讀 **書** 勤 儉
독 **서** 근 검

書 藝
글 **서** 재주 **예**

예술은 몸짓, 목소리, 그림, 글쓰기 등으로 생각을 아름답게 표현하는 것입니다. 예술에도 여러 분야가 있는데, '붓으로 글씨를 쓰는 예술'을 **서예 書藝**라고 하고, '도자기를 만드는 예술'은 **도예 陶藝**라고 해요.

'음악, 연기, 무용, 미술 등의 예술과 관련된 능력'은 **예능 藝能**이라고 하고, '배우, 가수, 무용가' 등은 **연예인 演藝人**이라고 합니다.

단어 **도예 陶藝** 질그릇 도, 재주 예 | **예능 藝能** 재주 예, 능할 능
연예인 演藝人 펼 연, 재주 예, 사람 인

圖 書
그림 **도** 글 **서**

도서 圖書는 '생각이나 사실, 전달해야 하는 내용을 그림으로 그리거나, 글로 적어 인쇄해 출간한 것'으로, '책'의 다른 말이에요.

서적 書籍, **서책 書冊**도 모두 '책'을 일컫는 단어지요. 잉크로 종이에 글이나 그림을 찍어 내는 인쇄술이 발달하기 전에는 책을 만들기 위해서 사람들이 한 글자 한 글자 **필사**했어요. **필사 筆寫**는 '베껴서 썼다'는 뜻이랍니다.

단어 **서적 書籍** 글 서, 문서 적 | **서책 書冊** 글 서, 책 책 | **필사 筆寫** 붓 필, 베낄 사

가축 家畜은 '집에서 기르는 짐승인 닭, 소, 돼지, 염소, 양 등을 한데 묶어서 이르는 말'이에요. **맹수, 맹금, 금수**도 동물을 뜻하는 단어죠. **맹수** 猛獸는 '호랑이, 사자, 표범 등 사나운 짐승'을 뜻하고, **맹금** 猛禽은 '독수리나 매와 같이 성질이 사나운 새'를 통틀어 말하고, **금수** 禽獸는 '날짐승과 길짐승'을 모두 말하는 것으로 짐승 전체를 아우르는 말이에요.

단어 **맹수** 猛獸 사나울 맹, 짐승 수 ｜ **맹금** 猛獸 사나울 맹, 새 금
금수 禽獸 새 금, 짐승 수

자수성가 自手成家는 '자신의 손으로 집을 이루었다'는 뜻으로, '물려받은 재산 없이 자기 힘으로 성공하여 집을 일으키고 재산을 모은 것'을 의미해요. 맨손으로 집을 일으키기까지는 **마부작침**의 각오로 노력했을 거예요. **마부작침** 磨斧作針은 '도끼를 갈아 바늘을 만든다'는 뜻으로, '끝까지 노력하면 어떠한 일이든 이룰 수 있다'는 의미의 성어예요.

단어 **마부작침** 磨斧作針 갈 마, 도끼 부, 지을 작, 바늘 침

보기

백면서생 白面書生
서예 書藝
도서 圖書

① 생각이나 사실, 전달해야 하는 내용을 그림이나 글로 적어 인쇄해 출간한 것, 책의 다른 말

② 글만 읽어서 세상 일은 전혀 모르는 선비를 의미하는 성어

③ 붓으로 글씨를 쓰는 예술

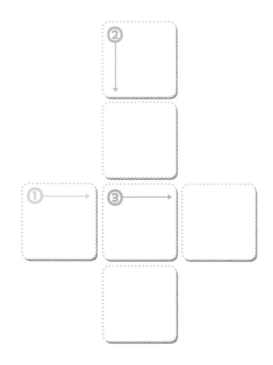

보기

자수성가 自手成家
가축 家畜
가옥 家屋

④ 사람이 사는 집

⑤ 집에서 기르는 짐승인 닭, 소, 돼지, 염소, 양 등을 한데 묶어서 이르는 말

⑥ 자신의 손으로 집을 이룸, 물려받은 재산 없이 자기 힘으로 성공하여 집을 일으키고 재산을 모았다는 뜻의 성어

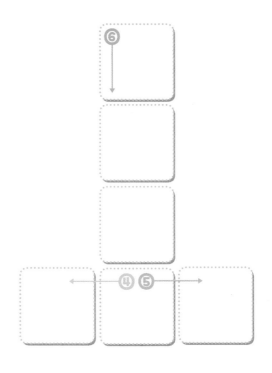

刺 繡
찌를 자   수놓을 수

의미

옷, 천, 소품 등에 색깔의 실로 그림, 글자, 무늬 등을 바느질해서 수 놓는 일

예문

• **자수**가 이렇게 쉽지 않은 일이라는 것을 해보기 전에는 몰랐다.

• 손으로 이렇게 정교하게 **자수**를 놓다니, 정말 대단한 솜씨야.

自 首
스스로 자 머리 수

의미

죄를 지은 사람이 스스로 경찰 등에 자신이 죄를 지은 사실을 알리는 것

예문

• 탈옥했던 범인이 **자수**하자 시민들은 그제서야 안심했다.

• **자수**한 범인은 혐의를 인정하며 피해자에게 용서를 구했다.

연습문제 정답

지금까지 학습하면서 풀어본 연습문제의 정답입니다.

정답을 맞춰본 후 틀린 문제는 확장어휘를 다시 한번 읽어보고

완전히 내 것으로 만든 후 문제를 다시 풀어보세요.

01강

공①
함③ 포 고 복
개②

반①
육 포② 유 류
지
효

02강

화 난 온② 대
고①
지⑤
신

약⑥
육
강
급 식 곤 증

03강

등① 고② 선
령
화

천⑧
재
여 지 하⑨
변

04강

호⑧
부
환① 호 흡⑩
형

급② 진 로
퇴
양
난

05강

청③
분① 출② 생
어
람

칠⑥
전
팔
봉 기⑨ 상

06강

이①
실
직
보 고 경

적②
론 반① 성⑤
하⑥
장

07강

일⑧
거
양
취① 득 실

사⑥
필
가 귀⑤ 성
정

08강

권①
선
징
열② 악 담

자①
가
당
애② 착 정

09강

일
심
동
도 체 득

중
손 상 동
모
략

10강

산
등 용 문
장

환 우 려
국
지
사

11강

해 심 야
사
숙
고

염
집 념 단
불
망

12강

고
군
분
권 투 우

편 안 식
분
지
족

13강

유 일
장
일 관
단

백
배
사
무 죄

14강

다
재
다
본 능 만

과
유
불
보 급 파

15강

비 상
일
시 비
재

선
구 사 일 생
가

16강

사
등 분 양
오
열

향
기 고 만 장
분

17강

연
식 목 수
구
어

상
이 구 동 성
질

18강

무 염
궁
무 색
진

수
여 민 동 락
참

19강

누 수 압
어
지
교

요
필 사 즉 생
승

20강

재 난 항
형
난
제

의
불 가 사 의
모

21강

소 유 명
비
무
환

쾌
안 빈 락/낙 도
원

22강

가
평 화 음
만
사
성

일
수 희 극
일
비

23강

진
인
판 사 전
대
천
명

존 경 로
원
시

24강

훈 장 수
상
학
교

장
충 유 치
유
서

25강

26강

27강

28강

29강

30강

31강

32강

호
행 언 약
장
담

확
고
부
활 동 산

금
의
야
여 행 직

유
명
무
과 실 결

경 작 가
심
삼
일

삼
회 고 문
초
려

상 종
부
상 대
조

소
탐
대
패 실 망

어
부
지
승 리/이 타

시
업 종 전
일
관

전
화
위
박 복 유

원
화
환 소 집
복

부 흥 미
진
비
래

윤 독 낭
서
삼
매

백
면
도 서 예
생

자
수
성
옥 가 축